UMA GESTÃO POR OBJETIVOS

OKR e BPM JUNTOS NA PRÁTICA

A Gestão Estratégica de seus Processos de Negócio.

Essa versão foi publicada em 2024-05-21.

© Cláudio Pires

Conteúdo

UMA GESTÃO POR OBJETIVOS 1

DEDICATÓRIA 2

MISSÃO 3

VISÃO 4

NA PRÁTICA 5

PARTE I UMA GESTÃO POR OBJETIVOS 7

O convite a uma Gestão Por Objetivos 8

O entendimento de uma Gestão Por Objetivos 12

Uma Gestão Integrada Por Objetivos 21

PARTE II O CORAÇÃO DA ESTRATÉGIA 33

Por quê? 34

O Compromisso com a Missão e Visão 35

Mais Exemplos de Objetivos 38

PARTE III O CÉREBRO DA TÁTICA 40

Como? 41

O Planejamento do Projeto 43

Os Resultados-Chave 53

PARTE IV O CORPO EM AÇÃO 57

O quê? 58

A Gestão Por Processos 59

As Iniciativas 62

Exemplos de Iniciativas 64

PARTE V A COORDENAÇÃO INTEGRADA 67

Quando? 68

A Medição e a Comunicação 71

O Sucesso 83

PARTE VI UMA NOVA VISÃO 85

A Inovação 86

A Cultura 88

Uma Vida Por Objetivos 93

O QUE FICOU POR SER DITO? 95

Sobre mim e aonde a gente se encontra 96

Dos meus livros e a série Gestão Na Prática 100

DEDICATÓRIA

"Cheguei a tempo de te ver acordar. Eu vim correndo à frente do Sol. Abri a porta e, antes de entrar, revi a vida inteira... Pensei em tudo que é possível falar (que sirva apenas para nós dois): sinais de bem, desejos vitais, pequenos fragmentos de luz. Falar da cor dos temporais, do céu azul, das flores de abril; pensar além do bem e do mal, lembrar de coisas que ninguém viu. O mundo lá, sempre a rodar, e, em cima dele, tudo vale: quem sabe isso quer dizer amor! Estrada de fazer o sonho acontecer..."–Milton Nascimento, "Quem Sabe Isso Quer Dizer Amor".

"Menininha, que graça é você: uma coisinha assim, começando a viver. Fique assim, meu amor, sem crescer; porque o mundo é ruim. É ruim e você vai sofrer, de repente, uma desilusão; porque a vida somente é seu bicho-papão. Fique assim, fique assim, sempre assim; e se lembre de mim, pelas coisas que eu dei. E também não se esqueça de mim, quando você souber, enfim, de tudo que eu guardei."–Toquinho, "Valsa Para Uma Menininha".

MISSÃO

Escrevo sobre tudo aquilo que gostaria que já tivessem escrito e que eu também senti falta de ler. Me comunico somente sobre o que eu já vivi, experimentei, aprendi, errei e precisei organizar em minha cabeça, para uma melhor atuação profissional. Escrevo e comunico com teoria e prática, equilibrando o simples e o complexo, para um melhor mundo de negócios. Que meus livros também promovam sua carreira, seu emprego, seu time, seu setor de trabalho e sua empresa.

VISÃO

Busco estabelecer uma carreira de autor de livros de negócio, acompanhada pela oferta de treinamentos, palestras, consultorias e mentorias; através de amplo conteúdo próprio, reconhecida atuação inovadora, contínuas soluções criativas e uma real entrega de valor àqueles que me reservam seu tempo e sua atenção. A proposta é seguirmos, todos nós, por uma trajetória executiva de liderança, reputação e melhores resultados de negócio; em renovada parceria e confiança. Um dia, pretendo ser seu autor preferido.

NA PRÁTICA

Faça! Vão te criticar de qualquer jeito... O mundo já tem pessoas demais buscando lucro; o mundo precisa de mais pessoas buscando qualidade. Naquilo que você faz, faça o melhor que puder. E faça todos os dias. Tenha consciência do que você representa. Busque a verdade que une a teoria e a prática. Adie seu reconhecimento. Confie no percurso. Comunique-se, sempre, tal como a um amigo. Entenda suas dores, mas deixe-as no passado. Domine suas palavras e estimule suas ações. Leia e releia. Faça e refaça. Repita muitas vezes! Então, aprenda com o que você fez: sinta-se, justificadamente, orgulhoso. Aproveite para revisar seu processo, mais uma vez. Concentre-se no que você está fazendo de novo, agora. Preste atenção! Ordene suas ideias. Avance com calma, mas avance sempre. Continue, assim, por 1 mês, 1 ano, 10 anos, 1 vida. Transforme suas cicatrizes em um uso criativo. Saiba por que você faz. Faça o que tem que ser feito; quando tem que ser feito. Faça um pouco mais e não pare. Ferva sua cabeça! (risos) Escreva a primeira frase e acredite. Escreva a maior quantidade de frases possível. Siga a corrente da escrita. A competição é interna, com nós mesmos. Elabore sua técnica; estude o que precisa. Nada mais! Saiba quando ir direto ao ponto e quando introduzir um novo conceito. Seja ágil, mas não seja precipitado. Confie na memória e na inteligência de sua trajetória. Siga o caminho que cuida melhor de você. Transforme resistências em colaborações. Quando tudo der errado, ainda poderá recorrer à arte (sempre teremos as canções de Paul McCartney)... Desafie limites, seja gentil e reúna parceiros. Trabalhe não para se tornar o melhor profissional, mas para ser uma pessoa melhor; a sua melhor versão! Desenvolva seu trabalho até o estado da arte, profundamente. Receba críticas exatamente como recebe elogios. Se você sabe fazer, você vai demonstrar a sua experiência. Exclua os comportamentos desnecessários. Mostre o seu toque pessoal. Trabalhe sem medo. Reconheça novas verdades quando as ouvir. Continue. Quando você for além, continue mais um pouco. Não pare de mudar. Aceite as imperfeições das versões preliminares. Entregue, sem se preocupar em receber de volta. Mas receba com gratidão! Não se incomode tanto com aqueles que não querem ser ajudados. Leia aqueles que já escreveram antes de você. Encoraje aqueles que virão em seguida. Saia da "caixinha", da forma limitante. Desperte, você está pronto: esqueça todas as regras e improvise. De novo: esqueça todas as regras e improvise!

PARTE I UMA GESTÃO POR OBJETIVOS

O convite a uma Gestão Por Objetivos

"Você tem um carro veloz e eu quero uma passagem para qualquer lugar. Talvez, possamos fazer um trato; talvez, juntos, nós possamos ir a algum lugar. Qualquer lugar é melhor: começando do zero, não teremos nada a perder. Talvez nós façamos alguma coisa. Eu mesmo não tenho nada para provar." –Tracy Chapman, "Fast Car"

Siga meu cordial chamado. Arrume as malas para uma importante missão a cumprir. Provações à frente, o prêmio será de garantida descoberta profissional e pessoal. Eu lhe ajudarei a decidir o que realmente tem de ser feito. Mitigando crises e perigos, a proposta é de uma trajetória de mudança e transformação, ao longo dessa leitura: uma inspiradora "**Jornada Do Herói**"[1].

* * *

Volatilidade, incerteza, complexidade e ambiguidade: sim, nós somente sobreviveremos se soubermos ser um pouco mais loucos, nesse complexo "Mundo V.U.C.A."[2] (do inglês, "*Volatility, Uncertainty, Complexity* e *Ambiguity*").

Tudo, à nossa volta, está muito veloz: ciência, tecnologia e negócios; e tudo está, também, muito imprevisível.

Mas calma, respire...

Há solução! E a solução está na flexível **agilidade**[3]: é sobre melhor saber inclinar, desviar ou torcer; aceitar e "abraçar" as inevitáveis

---

[1] https://pt.wikipedia.org/wiki/Monomito
[2] https://pt.wikipedia.org/wiki/Volatilidade,_incerteza,_complexidade_e_ambiguidade
[3] https://pt.wikipedia.org/wiki/Manifesto_%C3%81gil

mudanças, desenvolvendo uma serena e superior capacidade de decisão e priorização.

- Por mais **colaboração**.
- Por mais **resultados**.
- Por mais **adaptação**.
- Por mais **experimentação**.

Humm, faz sentido; e é para isso que estamos aqui!

* * *

Missão, **Visão** e **Princípios**, em transparente alinhamento da **estratégia** (de um ponto A para um ponto B); tal como estabelecido em minha apresentação pessoal inicial.

- Por quê?
- Como?
- O quê?

Assim, nas próximas seções, você evoluirá por essa divisão acima, em suas partes principais.

Cada parte visa uma fluidez da leitura e do raciocínio em acompanhamento, compondo o modelo mental desse livro, para que você:

- se sinta estimulado pela **oportunidade** do tema,
- entenda como realizar seu **projeto** de implementação,
- mantenha tal **serviço** "vivo" e
- vá um pouco mais além, em criatividade e **inovação**.

Sendo mais específico, queremos:

- entender muito bem o que representam "OKRs",
- desenhar um processo de implementação de "OKRs",
- gerenciar a execução desse processo implementado,
- personalizar e estender o processo padrão, sem medo.

Quero lhe trazer respostas às mesmas perguntas que já me fiz, no passado, para o verdadeiro entendimento do propósito de **uma gestão por objetivos**:

- O que queremos alcançar com qualquer conjunto de OKRs?
- Quais riscos e oportunidades devem ser considerados, ao definir tais OKRs?
- Como equilibrar objetivos realistas porém desafiadores, para impulsionar e evidenciar o crescimento?
- Como medir o progresso na direção dos objetivos?
- Como alinhar visão e estratégia por todas equipes, de toda organização?
- Quais recursos, apoios e colaborações são necessários?
- Qual o ritmo esperado e quais as cerimônias sugeridas, em aderência ao processo padrão?
- Quais ações ou iniciativas precisam ser executadas?
- Como acompanhar, orientar e registrar o aprendizado?
- Como celebrar sucessos e como superar desafios, ao longo do percurso?

Assim, acredito o livro completo: em seu título, em sua orientação didática e no sucesso de cada leitor; sem prolongadas introduções, com uma concreta demonstração prática dos conceitos e evidenciando a experiência do autor.

"Direto ao ponto" e sem parecer uma dissertação histórica: pois, afinal, se trata de um livro de negócio, orientado ao negócio.

Dessas primeiras linhas, desejo apenas que você siga sem ansiedade, em agradável conforto e confiante orientação: que você se sinta guiado, experimente vivências reais, elabore suas próprias reflexões, tenha segurança do aprendizado conquistado e saiba planejar suas próximas ações, em ótima leitura.

O entendimento de uma Gestão Por Objetivos

"Bem, eu não sou nenhum herói (que isso fique claro). Toda a redenção que eu posso oferecer está debaixo desse velho capô. Com a chance de fazer tudo dar certo, de alguma forma, o que mais poderíamos fazer agora? A não ser abaixar o vidro de sua janela e deixar o vento jogar seu cabelo para trás. A noite se abrirá adiante e essas duas faixas nos levarão a qualquer lugar. Nós temos a última chance de tornar tudo real, de trocar essas velhas asas por rodas. Então, suba: o céu está esperando adiante na estrada." – Bruce Springsteen, "Thunder Road"

Pense em "alinhamento". Todos juntos, em colaboração, somando esforços. Sem distrações, sem modismos, sem dúvidas do que é prioritário. Com foco e clareza. Diariamente. Mensalmente. Anualmente. Um **alinhamento total**.

Imbatível, não?!

Esse é, então, o objetivo de qualquer liderança e o objetivo de **uma gestão por objetivos**:

- gerenciar os recursos limitados,
- para otimizar a entrega dos resultados,
- que realmente importam.

Vale enfatizar, um pouco mais, essa frase...

Os recursos são, claramente, limitados (tempo, energia, dinheiro) e vão se esgotar de qualquer jeito: com ou sem gestão sobre eles. Aceite, também, que entregas ótimas são, realmente, bem diferentes de entregas razoáveis ou apenas suficientes. E de nada adianta entregar algo muito bom sem sua aplicação prática.

Sim, é complexo: envolve ritmo, envolve disciplina, busca ser sustentável e ágil, sem desperdícios (de tempo, de pessoas, de material, de dinheiro), em adaptação e melhoria contínuas, em prol da excelência e da felicidade.

Porque a **felicidade** sempre será a finalidade de toda boa gestão! ;-)

Ao final do dia, é prazeroso retornar para casa com o justificado orgulho dos avanços absolutos, inquestionáveis.

Assim, poderíamos classificar nosso tema como um "gerenciamento pelas diretrizes".

Ou, se preferir outro termo existente, uma "administração por objetivos".

Hoje, entretanto, é mais comum o uso da sigla, em inglês, "OKR" (*"Objectives and Key Results"*): Objetivos e Resultados-Chave.

No passado, tudo já se resumiu à "medição organizacional".

Eu prefiro chamar, em minha obra, de "**Uma** Gestão Por Objetivos" (com ênfase nesse artigo indefinido, que compõe o título do livro): afinal, não é a única, é mais uma, é a minha interpretação; que busca atrair e abraçar todas essas semelhanças mencionadas nos termos acima.

"Uma Gestão Por Objetivos" = "Gerenciamento Pelas Diretrizes" + "Administração Por Objetivos" + "OKRs" + "Medição Organizacional"

Não estou, aqui, preocupado em estabelecer as diferenças: me interessa mais a força do conjunto, o total dessa soma!

E, tal como já exposto, toda felicidade precisa desse grau de liberdade, da criatividade e de certa revolução: eu acho que também ouvi você dizendo que gostaria de mundo o mundo, não é mesmo?!

Caminhos (sejam processos ou livros) rígidos, lotados de regras e restrições, costumam ser chatos, tediosos e ameaçadores. Aceite essa ideia mais leve, em confiança ao autor e transparência do conteúdo. Ao final, personalize, também, a sua própria implementação!

* * *

Mesmo se tratando de "**Uma** Gestão Por Objetivos", não deixaremos de conhecer o que prega a abordagem clássica, o que rege o uso comum do processo padrão.

Google, Spotify, Twitter, LinkedIn, AirBnB, Amazon, Adobe, Uber, Dropbox, Oracle; para mencionar apenas alguns dos grandes adotantes de OKRs.

Mas como é que chegamos até aqui?

Apoiados sobre os ombros de gigantes!

Sim, em muito respeito e admiração, vale, agora, uma mínima referência histórica...

Começamos pela original implementação da Gestão Por Objetivos, em **1954**, pelo extraordinário **Peter Drucker**[1], em seu livro "The Practice Of Management"[2]: ali estava a fundação do equilíbrio e harmonia entre os objetivos pessoais dos colaboradores e os objetivos estratégicos da organização.

Mesmo que ainda um pouco mais focada no "o quê?" do que no "como?", fortemente hierarquizada em silos/setores e na alta gerência, um pouco tímida em confrontar riscos e com longos intervalos anuais de revisão e atualização, a abordagem de Drucker disseminou muita, muita inspiração.

É provável que essa abordagem ainda persista, hoje, em alguma empresa de seu conhecimento: uma ultrapassada, porém admirável, longevidade.

---

[1] https://pt.wikipedia.org/wiki/Peter_Drucker
[2] https://www.amazon.com/Practice-Management-Peter-F-Drucker/dp/0060878975

Num segundo momento de destaque, tivemos, então, **Andrew Grove**[3], o CEO que transformou a Intel, de **1987** a 1998, e evoluiu a idealização de Drucker para duas perguntas simples e fundamentais: "onde eu quero chegar?" e "como saberei se estou chegando lá?"; criando o moderno modelo de OKRs (*"Objectives and Key Results"* ; Objetivos e Resultados-Chave).

"Andy" Grove incorporou mudanças ao modelo de Drucker, adotando uma avaliação mais frequente dos resultados (mensal a trimestral) e buscando resultados bem mais desafiadores e agressivos, tal como escreveu em "Gestão de Alta Performance: tudo o que um gestor precisa saber para gerenciar equipes e manter o foco em resultados"[4].

Desse personalizado "iMBO" (*"Intel's Management By Objectives"*), Grove ainda estendeu sua adaptação para uma comunicação mais pública e transparente, de interesses motivados pelo "chão de fábrica" e sem alimentar expectativas por bônus, recompensas ou compensações financeiras.

E, numa última etapa de consolidação, temos **John Doerr**[5], presidente da Kleiner Perkins, empresa do mercado de investimento, que chegou a trabalhar na Intel. Ele, depois, difundiu a metodologia para algumas empresas de seu portfólio, com principal destaque para o Google ("Avalie o Que Importa: Como Google, Bono Vox e a Fundação Gates sacudiram o mundo com os OKRs"[6]).

Com Doerr e o Google, os OKRs conquistaram fama mundial e, atualmente, são utilizados, como importante ferramenta da gestão do desempenho, em diversas empresas...incluindo a minha, o Fonte Patologia Oncológica[7]!

---

[3] https://pt.wikipedia.org/wiki/Andrew_Grove
[4] https://www.amazon.com.br/Gest%C3%A3o-Alta-Performance-gerenciar-resultados/dp/855717358X
[5] https://en.wikipedia.org/wiki/John_Doerr
[6] https://www.amazon.com.br/Avalie-que-Importa-Funda%C3%A7%C3%A3o-Sacudiram/dp/855080455X/
[7] https://fontemd.com/

São os principais nomes dessa linda evolução: Peter Drucker >> Andrew Grove >> John Doerr.

Vale, ainda, assistir o vídeo de Rick Klau, no YouTube ("How Google sets goals"[8]), sobre a popular implementação de OKRs no Google: com um número impressionante de mais de 1 milhão de visualizações!

Obviamente, eu li e me interessei por todas as referências acima; mas mantive o cuidado de acrescentar minhas próprias ideias, numa habitual escrita em torno de 100 páginas, a partir de uma primeira folha em branco, com a certeza do que foi vivido, experimentado e organizado, indo "direto ao ponto" e num estilo de redação que sempre remeta a uma agradável conversa com um amigo.

Quando se fala de OKRs, temos muita coisa à disposição e de graça, mas, infelizmente, nada além de resumidas traduções desses originais, em interpretações inflexíveis e análises rasas: eu não acredito em nenhum "copiar e colar".

*   *   *

E já que falamos do clássico termo "medição organizacional", vale, o quanto antes, entendermos algumas diferenças originais entre **"KPIs"** (*"Key Performance Indicators"*, Indicadores-Chave de Desempenho) e **"OKRs"** (*"Objectives and Key Results"*, Objetivos e Resultados-Chave).

- Indicadores-Chave fazem parte das **Operações** habituais, enquanto Resultados-Chave fazem parte da **Estratégia** diferenciada.

---
[8] https://www.youtube.com/watch?v=mJB83EZtAjc

- Indicadores-Chave compõe um **Painel de Controle** (*"dashboard"*[9]) de instrumentação, enquanto Resultados-Chave atribuem **metas às medidas**.
- Indicadores-Chave são utilizados a **longo prazo** e informam uma **manutenção confortável** de que tudo funciona bem, enquanto Resultados-Chave são redefinidos no **curto prazo** e desafiam **metas ambiciosas**.
- Indicadores-Chave buscam o **envolvimento** das pessoas, enquanto Resultados-Chave necessitam do **comprometimento** das pessoas (tal como na fábula "A Galinha e o Porco"[10]: a galinha está apenas envolvida no novo restaurante "Ovos com Presunto", enquanto o porco está, realmente, comprometido).
- Indicadores-Chave auxiliam na **execução do negócio**, enquanto Resultados-Chave servem para **transformar o negócio**.
- Indicadores-Chave são adereços das **atividades de processos**, enquanto Resultados-Chave suportam a **experiência do cliente**.
- Indicadores-Chave prioritários evoluem para Resultados-Chave (como diria a raça "Borg"[11], na ficção "Star Trek": "resistir é inútil, você será assimilado").

Somente a partir dessa clara diferenciação (raramente presente na maioria dos textos sobre KPIs ou OKRs) é que acredito que se chegue ao entendimento de uma gestão por objetivos!

Sim, o painel de seu carro lhe trará informações úteis da capacidade de combustível, do consumo médio, da velocidade instantânea, da velocidade média, da distância percorrida, da temperatura e rotação do motor, do fechamento de portas e janelas etc; mas isso não é garantia de que você chegará pontualmente em seu compromisso.

---
[9] https://pt.wikipedia.org/wiki/Painel_de_bordo
[10] https://pt.wikipedia.org/wiki/A_Galinha_e_o_Porco
[11] https://pt.wikipedia.org/wiki/Borg_(Star_Trek)

Posso, agora, lhe garantir a conceituação básica de OKRs, abaixo.

OKR é uma metodologia de estrutura colaborativa e de definição de metas, que ajuda organizações a alcançarem seus objetivos, através de resultados mensuráveis.

Uma metodologia para alinhar a estratégia organizacional com as metas e as pessoas, oferecendo foco, transparência, engajamento e responsabilidade.

Observe: estamos avançando! ;-)

*   *   *

"Ciente e Comprometido"?!

Como obter esse desejado **"alinhamento total"**, já tão mencionado como premissa (requisito forte) de uma gestão por objetivos?

Forçar, de cima para baixo, através de imposições hierárquicas, fluindo através do organograma da empresa, chega a ser uma visão inocente, ingênua: até pode ter funcionado em 1954, com Peter Drucker, mas não funciona mais ou, ao menos, não é tão eficiente...e, se estamos falando de resultados, precisamos ser eficientes.

Também já não acreditamos em fórmulas mágicas, gurus ou "coaches" de todos os gostos. Contratar os melhores profissionais, aquisitar as melhores ferramentas, deixar todos livres sem qualquer incômodo, também não resolve: um idiota, com uma ferramenta ou uma boa ideia, ainda é um idiota (ah, os pensamentos do engenheiro de software Grady Booch[12] me representam demais)...e "Uma Gestão Por Objetivos" é uma ideia muito boa, para ser desacreditada.

Então...

---
[12] https://pt.wikipedia.org/wiki/Grady_Booch

O entendimento de uma Gestão Por Objetivos

Você já assistiu a minissérie de ficção "Battlestar Galactica"[13]?

Da refilmagem de 2003, destaca-se a figura do almirante William Adama, interpretado pelo ator Edward James Olmos[14]: apesar de ser um personagem fictício, é uma de minhas maiores inspirações como líder (um dia, quem sabe, ainda escrevo: "Lições de Gestão por William Adama"; risos).

Acredite: até hoje, não vejo melhor resposta à criação de uma cultura de alinhamento!

Funciona assim, no seriado: sempre que um evento, um incidente ou um problema é apresentado à tripulação da aeronave de combate, todos são respeitados em suas dúvidas, mas, encerrados os questionamentos, repete-se o coro uníssono: *"So Say We All"*; em tradução literal: "Assim Dizemos Todos".

Ou seja, em assertividade do entendimento de cada comunicação, sem mais nada a esclarecer, todos se unem em torno do respectivo conteúdo, assimilado pelo grupo.

Uma demonstração de evidente coesão, de forte senso de time responsável e colaborativo, mantendo o respeito às ideias individuais e ao momento de diálogo.

Em nossa empresa, em nosso ambiente de Chat corporativo, batizamos esse acordo de **"Ciente e Comprometido"**:

- se alguém leu uma mensagem e nada respondeu, ainda não sabemos (não podemos afirmar) se está ciente;
- se registrou estar ciente, mas com incertezas, é esperado que comente a postagem, em busca de esclarecimentos adicionais;
- mas, ao final, com tudo claro e completo, é desejado observar uma sequência coletiva de apontamentos "Ciente e Comprometido".

---

[13] https://pt.wikipedia.org/wiki/Battlestar_Galactica
[14] https://pt.wikipedia.org/wiki/Edward_James_Olmos

Anotar "ciente e comprometido" aproxima as hierarquias, transforma todos em reais colaboradores das soluções, traz força e harmonia ao grupo; enfim, ganha-se, diariamente e incrementalmente, um alinhamento total!

Além de ser bem bacana acompanhar a evolução de toda essa unidade em construção...

Experimente: em seu time, setor ou empresa. É um discurso forte, longe de ser uma brincadeira ou um deboche: a empresa nos representa e nós somos a empresa. Há mais de 10 anos fazemos dessa maneira: todo dia e em todo registro de nossa comunicação interna.

É a **voz do capitão** que ecoa: uma voz de comando; que pode, sim, se manter gentil, flexível e não violenta, mas sempre sendo percebida como a comunicação da liderança.

Conforme queríamos demonstrar, seguimos na prática!

Uma Gestão Integrada Por Objetivos

"A liberdade é apenas um sinônimo para nada mais a perder. Nada, e isso é tudo que Bobby me deixou. Sentir-se bem era fácil, quando ele cantava o blues. Sim, sentir-se bem foi bom o suficiente para mim. Bom o suficiente para mim e meu Bobby McGee." – Janis Joplin, "Me and Booby McGee"

Das seções que, formalmente, ocupam um tradicional documento de "Caso de Negócio", podemos listar:

- Sumário Executivo,
- Descrição de Negócio,
- Operações e Processos,
- Análise de Riscos,
- Time Gerencial,
- Marketing, Vendas e Informações Financeiras,
- Marcos de Negócio.

Podemos considerar que o capítulo anterior, "O entendimento de uma Gestão Por Objetivos", já nos trouxe nosso "Sumário Executivo".

Agora, para completar nosso conceito de *gestão integrada*, por objetivos, falaremos de:

- "Uma Gestão Por Objetivos" e a Gestão Da Estratégia (como "Descrição de Negócio"),
- "Uma Gestão Por Objetivos" e a Gestão Por Processos (sobre "Operações e Processos"),

- "Uma Gestão Por Objetivos" e a Gestão Dos Riscos ("Análise de Riscos"),
- "Uma Gestão Por Objetivos" e a Gestão Com Gente ("Time Gerencial"),
- "Uma Gestão Por Objetivos" e a Gestão Comercial e Financeira ("Marketing, Vendas e Informações Financeiras").

O que desejo, aqui, é "lhe apresentar essa ideia", meu *business case*: eu tenho uma arquitetura proposta para a solução e pretendo que você seja meu patrocinador; preciso lhe encantar, mas preciso ser breve e claro.

E é exatamente assim que funciona nossa, habitual e corrida, vida corporativa, não?!

Consolidando o sucesso inicial, seguiremos adiante, em evolução de próximos "Marcos de Negócio"! ;-)

* * *

De "Uma Gestão Por Objetivos" e a **Gestão da Estratégia**...

Todo negócio é um sistema de processos que faz dinheiro, quando:

- cria e entrega algo de valor,
- que outras pessoas querem ou precisam,
- num preço que elas estão dispostas a pagar,
- de uma maneira que satisfaça suas necessidades e expectativas,
- para que o negócio tenha lucro em prol de sócios, de colaboradores e das operações.

Mas, antes de modelar esse sistema de processos, precisamos refletir sobre como a organização fará para realizar seu propósito de existir e para alcançar um próximo estágio de sua evolução: a Missão e a Visão da empresa.

Missão e Visão...tal como iniciei esse livro. Tais declarações realmente importam, devem ser bem conhecidas por todos e devem estar sempre visíveis.

Porque, a partir desse correto ponto de partida, lhe serão apresentadas as primeiras perspectivas sobre os clientes, as finanças, os processos internos e o aprendizado e crescimento da empresa.

- O que pretendemos fazer para alcançarmos mais clientes?
- Para sermos bem sucedidos financeiramente?
- Para satisfazermos os processos de negócios nos quais devemos alcançar a excelência?
- Para sustentarmos nossa capacidade de mudar e melhorar?

Se qualquer estratégia é sempre sair de um ponto A para um ponto B, considerando diversos pontos de vista associados, bastará enfileirar os objetivos estratégicos de negócio, seguir por implementações dos objetivos táticos, que serão executados por meio de objetivos operacionais, formando um adequado corpo de conhecimento na organização, com respectivos desempenhos monitorados em seus longos, médios e curtos prazos. Assim, alcançaremos superior inovação e a pronta resolução dos problemas.

Foi assim que aprendemos, até aqui, correto?!

Está correto? **Não!**

De novo...

Correto? **Não**, não funciona mais!

Na prática, tem se mostrado um enunciado velho: teórico demais, formatado demais.

Talvez estejamos muito acostumados a apenas repetir esse modelo tradicional, de décadas e décadas passadas.

A qualidade que acreditamos deve ir muito além de direcionar, monitorar e analisar criticamente as questões internas e externas; publicadas, anualmente, num extenso documento de planejamento estratégico...como determinam conhecidos manuais de gestão.

A roda do mundo girou e, para mim, funcionou conforme o relato vivenciado e descrito abaixo...

A cada ano, nossa publicação de planejamento estratégico atrasava mais no tempo, era menos lida pelos funcionários e tinha vários trechos repetidos de suas versões anteriores, dos mesmos objetivos não alcançados. Modificar o texto da introdução ou a organização do índice remissivo não trazia uma motivação adicional para a leitura; reduzir o número de páginas também não.

O limite para aceitação de que algo muito errado avançava sem questionamentos ocorreu quando, quase ao final do primeiro semestre de um determinado ano, o Conselho de Sócios ainda não tinha aprovado o tal documento (hierárquico) de planejamento estratégico, dito "obrigatório".

Mas a empresa seguia, sim, trabalhando muito bem seus objetivos, revisando seus resultados esperados, estabelecendo as novas metas, posicionando-as ao longo do tempo e dando visibilidade em adequada frequência: eram ciclos reais de criação de valor, de entrega de valor e de captura de valor.

Chegamos, assim, à Gestão Por Objetivos; e consideramos Uma Gestão Por Objetivos verdadeiramente estratégica, quando ela mesma passou a ser a nossa completa descrição do negócio!

Uma postura desafiadora!

E muita coisa precisou ser repensada e refeita:

- a partir das declarações de Missão e Visão;
- sustentando tais declarações de Missão e Visão em ações;

- considerando cada disciplina, habilidade e especialização contida na Missão e Visão;
- orientando novas diretrizes executivas das políticas organizacionais;
- preenchendo o Modelo de Negócio a partir dos objetivos esperados;
- relacionando os objetivos com valores, clientes, relacionamentos, comunicações, atividades, recursos, parcerias, custos e receitas;
- esclarecendo, perfeitamente, "como se ganha dinheiro por aqui";
- eliminando, de vez, a necessidade de um tradicional Planejamento Estratégico anual;
- adaptando uma nova realidade de regular planejamento estratégico bimensal;
- abraçando novos cenários, internos e externos, a cada atualização;
- incorporando contribuições de outras áreas de gestão em cada objetivo;
- evoluindo, com fluidez, os objetivos conectados de longo, médio e curto prazos;
- valorizando objetivos específicos, mensuráveis, alcançáveis, realistas e em tempo (S.M.A.R.T.[1]);
- mantendo o acompanhamento de outros "KPIs", em complemento à medição e análise dos objetivos e principais resultados;
- alinhando objetivos pessoais dos indivíduos com iniciativas estratégicas da empresa;
- e, por fim, convidando todos à colaboração e ao reconhecimento profissional.

Compartilho, então, esse entendimento: de que o objetivo mais natural de uma gestão por objetivos é ela ser a completa estratégia, ela ser todo o negócio.

---

[1] https://pt.wikipedia.org/wiki/S.M.A.R.T.

Como administrar uma empresa? Todas as respostas acima!

Abra, você também, um sorriso! ;-)

Observe: não é à toa que muitas "startups"[2] vêm adotando OKRs como a chave de seu modelo de gestão: me faça pensar, não me diga o que fazer; utilizam OKRs como uma proposta de reflexão, de análise de problemas e não em repetição de uma mesma "receita de bolo" formatada.

*　*　*

De "Uma Gestão Por Objetivos" e a **Gestão Por Processos**...

O melhor de dois mundos: estratégia e execução.

O encaixe que julgo ser perfeito.

Enfim, uma didática (embora simplificada) definição para a Gestão Integrada.

Gestão Integrada = Gestão Por Processos + Gestão Por Objetivos

Acima, segue a equação dos meus dias executivos! ;-)

Tudo "horizontal", cruzando toda a organização: processos e estratégia...porque ambientes corporativos modernos já não são mais "verticais".

Com a Gestão Por Processos, resolvemos:

- o mapeamento das atividades do negócio;
- os responsáveis pela execução das atividades;
- as entregas e o ritmo dos produtos de trabalho;
- a gestão da comunicação entre os interessados;
- a garantia e o controle da qualidade;
- a mitigação dos riscos operacionais;

---

[2] https://pt.wikipedia.org/wiki/Startup

- o escalonamento das questões e os melhores relacionamentos e
- a solução automatizada dos maduros processos de negócio.

Mas, nessa interação entre processos, há de se considerar a existência de processos de granularidades muito diferentes...

Há processos que enxergam o negócio mais de longe, numa visão integral, holística; enquanto outros processos seguem bem mais de perto, focados em suas aplicações específicas, dedicadas.

Aproximar esses diferentes "tamanhos" de processos, numa única solução da cultura de gestão, não nos traz uma perfeita coesão, não mantém toda a empresa indivisível, como desejado. Fica, infelizmente, algum espaço não preenchido, um "*gap*".

A cola, que garante tal união, é, então, a Gestão Por Objetivos.

E a falha, que será preenchida, é a Formação de Lideranças.

Com a Gestão Por Objetivos "orbitando" o universo da Gestão Por Processos, fica muito mais natural resolver:

- os objetivos estratégicos, táticos e operacionais;
- a governança corporativa e a controladoria financeira;
- o plano de treinamento e as capacidades dos times de trabalho e
- a gestão das decisões e a inovação do negócio.

Assim, com uma Gestão Por Processos implementada, o auxiliar seguirá executando suas tarefas, em aderência (e poderá ser chamado, por exemplo, de "Responsável do Processo"); o analista evoluirá prevenindo riscos e erros, em maior senso crítico (e poderá ser batizado como "Dono do Processo"); o gerente manterá sua atenção voltada para a harmonia e o desempenho do conjunto (sendo renomeado para "Dono do Serviço")...mas, somente com a adição de uma Gestão Por Objetivos, todos entenderão os apontamentos para o caminho, o rumo e a estratégia, de uma direção correta (ou um novo "Dono do Produto").

Agora, imaginem "Responsável do Processo", "Dono do Processo", "Dono do Serviço" e "Dono do Produto", todos juntos, definindo e monitorando seus respectivos objetivos e principais resultados!

Uau! Enfim, uma gestão integrada, formando verdadeiros "*champions*"!

Viva a abordagem de uma excelência operacional completa e orientada a dados.

* * *

De "Uma Gestão Por Objetivos" e a **Gestão Dos Riscos**...

Um sistema de gestão de metas, acompanhado de uma medição do desempenho. Objetivos, metas, estratégias e medidas: essas são nossas palavras-chave. E não se esqueça: tudo "S.M.A.R.T."[3], em critérios específicos, mensuráveis, alcançáveis, realistas e em tempo.

Um modelo perfeito? O que poderia dar errado? Quais as limitações não percebidas?

Sim, há chances de "efeitos colaterais", do que "não se deve jamais fazer".

Observe os riscos, abaixo...

- "Comportamento antiético": uma preocupação excessiva com metas pode, garantidamente, levar a mais competição do que colaboração, à retenção das informações ou ideias não compartilhadas e alterações do correto raciocínio moral (por atitudes de fraude, desonestidade, redução proposital da qualidade, manipulação dos números e das estatísticas); com a única intenção de alcance do objetivo definido.

---

[3] https://pt.wikipedia.org/wiki/S.M.A.R.T.

- "Sem tempo para oportunidades": a pressa pela evidência dos resultados numéricos permite que novos aprendizados passem despercebidos, não explorados ou sem sua completa compreensão; tarefas rotineiras, porém essenciais, podem piorar de desempenho, em detrimento das ações ditas especiais, mais diretamente relacionadas às metas.
- "Uma motivação simplificada": um amplo ambiente de trabalho que prospera não se resume somente a metas; é impossível estabelecer um indicador que, precisamente, quantifique o bem-estar do time, por exemplo...ainda mais quando há metas com as quais um colaborador pode não se identificar, plenamente. Se atingimos o objetivo, ficamos felizes; se não atingimos, ficamos tristes; a vida não pode ser só isso...

Em perfeita ilustração desses pontos, admiro a coragem do artigo "Eu nunca tive um objetivo" (originalmente, *I've never had a goal*"[4]), publicado em 2016, no blog da empresa Basecamp[5].

Da ideia que resume o texto, diz o CEO Jason Fried[6]: "A razão pela qual a maioria de nós está infeliz, na maior parte do tempo, é porque definimos nossos objetivos não para a pessoa que seremos quando os alcançarmos, mas definimos nossos objetivos para a pessoa que somos quando os estabelecemos."...uma maravilhosa reflexão! ;-)

Uma oportuna crítica sobre "objetivos artificiais", motivação externa e interna e uma grata provocação do tempo e do espaço em que acontece a melhoria contínua!

A felicidade está no processo para o resultado, não no resultado em si.

Aonde queremos chegar? O que está dando certo? O que está dando errado? O que faremos diferente? O que estamos aprendendo?

---

[4] https://basecamp.com/articles/ive-never-had-a-goal
[5] https://brasil.basecamp.com/
[6] https://www.linkedin.com/in/jason-fried

Essas são as questões críticas! Precisamos, então, falar mais de gente, por favor...me traga, logo, a próxima seção!

* * *

De "Uma Gestão Por Objetivos" e a **Gestão Com Gente**...

É fácil perceber exemplos de quando o alcance de metas se torna tóxico, uma obsessão.

Reflita, por um breve instante, e você lembrará, também, de algo ou alguém...

Recentemente, fiz uma compra online, com o prazo prometido para o mesmo dia...só esqueceram de me avisar que, até 23:59:59, ainda é hoje (risos)! E imagino que ninguém aprecie ser incomodado próximo ao seu horário de dormir. A óbvia solução de melhoria seria permitir ao usuário que delimitasse algum intervalo de horário, para a realização das entregas do site; mas tal sistema de metas a alcançar já ignora a realidade faz tempo, o marketing está a todo vapor, feriados ou domingos são dias comuns e ninguém mais tem controle sobre essa acelerada cadeia em operação...não há mais como frear, entende?! Só deixando de comprar na loja; quem diria, atropelaram o cliente!

Por isso, recorro, mais uma vez, a Jason Fried, porque também gosto do título de seu livro de 2020: "o trabalho não precisa ser uma loucura"[7].

Nesse cenário, de necessário debate sobre clareza, propósito, ritmo sustentável e equilíbrio, a arquitetura dos "OKRs" nos traz uma complementar solução, de muito valor ao modelo: os "CFRs": "*Conversation*" (conversa), "*Feedback*" (comentários), "*Recognition*" (reconhecimento).

---

[7] https://www.amazon.com.br/trabalho-n%C3%A3o-precisa-ser-loucura/dp/8595085471

"CFRs" resolvem, então, a lacuna já apresentada ("se atingimos o objetivo, ficamos felizes; se não atingimos, ficamos tristes") e garantem uma saudável evolução dos OKRs, considerando pessoas: seus comportamentos e seus resultados!

Na verdade, o título completo desse sistema deveria ser: "OKRs e CFRs" (não somente "OKRs"), pois há de se valorizar mais a importância fundamental dos CFRs, em sustentação do modelo proposto.

A proposta é que tais encontros aconteçam num formato "1 a 1", em reservada conversa de uma instância superior e seu subordinado, a partir da análise crítica das entregas dos objetivos pretendidos, em revisão dos processos utilizados e retrospectiva dos resultados parciais.

É a solução pretendida para a formação de lideranças e ganho de maturidade por toda organização, em gestão contínua do desempenho pessoal; uma transição do decadente modelo de recompensas e bônus para uma transparente meritocracia e valorização das competências (conhecimentos, habilidades e atitudes).

Já explico mais a seguir, na "PARTE V", "A Coordenação Integrada"...

Por enquanto, fica a máxima de John Doerr: "Ideias são fáceis; execução é tudo".

*　*　*

De "Uma Gestão Por Objetivos" e a **Gestão Comercial e Financeira**...

Embora o mundo precise de mais empresas focadas em qualidade, não podemos deixar de focar no lucro.

Todos seguimos um habitual ciclo de rendimentos, com planejamento das receitas, execução da rotina financeira e monitoração financeira, para o desejado lucro; respeitando as diferenças de cada indústria de atuação.

E, para nos certificarmos de que o dinheiro está sob controle, cabem, aqui, diversas possibilidades de indicadores de medição.

Em alguns exemplos, abaixo.

- Conquistar novo mercado consumidor.
- Transformar nossa equipe de vendas na melhor do setor.
- Tornar nossa empresa sempre mais lucrativa.
- Desenvolver trabalho remoto para reduzir despesas de escritório.

Marketing, vendas e informações financeiras: buscamos, também, através da Gestão Por Objetivos, acompanhar um amplo relacionamento financeiro com os clientes.

E, já a partir desses simplificados exemplos antecipados, fica evidente que OKRs são, em si, uma excelente ferramenta de Controladoria Financeira, em acompanhamento da governança corporativa e em evidência da Gestão das Decisões.

PARTE II O CORAÇÃO DA ESTRATÉGIA

Por quê?

"Sonhar o sonho impossível, combater o inimigo imbatível, suportar uma dor insuportável, ir aonde os corajosos não se atrevem ir, corrigir o erro incorrigível, ser muito melhor do que se é, tentar com os braços exaustos, alcançar a estrela inalcançável: essa é minha busca!" – Elvis Presley, "The Impossible Dream"

A pergunta fácil: o que você quer ter?

A pergunta difícil: o que você quer **ser**?

Porque "ter" sempre esbarrará em limites concretos.

Pense em seus exemplos, sem culpa...

E **porque** "ser" é infinito, contínuo!

Uma reflexão mais difícil, não?!

Aplicando, agora, aos negócios...

Porque estratégia não é "como?" e jamais será "o quê?".

Isso é um erro muito básico, muito comum e muito amador!

Acreditar na estratégia, pensando em "como?" ou "o quê?," é uma visão simplificada, superficial e, por isso, imprecisa e ineficiente.

Sim, a estratégia sempre será o **"porquê"**!

Porque a estratégia precisa vir do coração!

É um sonho a realizar, entende?

Do dicionário, "inspirar": provocar ideias, pensamentos; fazer nascer o entusiasmo criador.

Agora, nosso "corpo" está mais desperto para avançar, com o coração batendo mais forte!

O Compromisso com a Missão e Visão

"Olá! De novo somos você e eu, como sempre costumava ser: bebendo vinho, passando o tempo, tentando resolver os mistérios da vida. Como vai sua vida? Já faz algum tempo... Meu Deus, como é bom te ver sorrindo! Se você for agora, eu entenderei; se você ficar, eu tenho um plano: nós tornaremos este momento memorável! Você pode cantar a melodia para mim e eu posso escrever alguns versos. Você quer tornar este momento memorável?" – Bon Jovi, "Make A Memory"

Questionamos a pergunta difícil (o que você quer ser?), mas ainda não a respondemos...

Fique tranquilo, não é tão difícil assim e é mais prático e objetivo do que se pensa, também.

Observe os trechos destacados em retrospectiva de minha **Visão**, já apresentada na introdução desse livro...

"Busco estabelecer uma carreira de **autor de livros de negócio**, acompanhada pela oferta de treinamentos, palestras, consultorias e mentorias; através de amplo conteúdo próprio, reconhecida atuação inovadora, contínuas soluções criativas e uma real entrega de valor àqueles que me reservam seu tempo e sua atenção. A proposta é seguirmos, todos nós, por uma **trajetória executiva de liderança**, reputação e melhores resultados de negócio; em renovada parceria e confiança. Um dia, pretendo ser **seu autor preferido**."

Do conhecido passatempo "ache as palavras do texto", localizamos, então: "autor de livros de negócio", "trajetória executiva de liderança" e "seu autor preferido"; que podem, assim, serem transformadas em ágil redação de objetivos, listados abaixo.

- Consolidar carreira internacional de autor de livros de negócio.
- Ser referência nacional para o tema liderança executiva.
- Viver dos rendimentos de minha escrita em independência financeira.

Visão e Objetivos diretamente relacionados, não?!

Uma grata e forte coesão!

Que ainda pode ser validada pela análise complementar da **Missão**.

"Escrevo sobre tudo aquilo que gostaria que já tivessem escrito e que eu também senti falta de ler. Me comunico somente sobre o que eu já vivi, experimentei, aprendi, errei e precisei organizar em minha cabeça, para uma **melhor atuação profissional**. Escrevo e comunico com teoria e prática, equilibrando o simples e o complexo, para um **melhor mundo de negócios**. Que meus livros também **promovam sua carreira**, seu emprego, seu time, seu setor de trabalho e sua empresa."

Quer treinar mais um exercício desses?

Segue, abaixo, a Visão da empresa que atuo como CEO...

"Que nossa **excelência médica** e nossa **excelência em gestão** sejam percebidas **por você**. Que a oferta do **mais preciso** e **mais rápido** diagnóstico anatomopatológico faça a diferença **na sociedade**. Que a liderança, a reputação e a inovação sejam **validadas pela qualidade**".

Traduzindo em Objetivos, teremos:

- Ser reconhecido pela excelência médica do mais preciso laudo anatomopatológico;
- Ser reconhecido pela excelência em gestão do mais rápido laudo anatomopatológico;
- Ser lucrativo pela qualidade comprovada como diferencial estratégico.

Provando, mais uma vez, o exercício pelo complemento da Missão: "Trabalhamos por respostas, pela verdade, por tudo que é real. Trabalhamos sempre, mais, melhor e por todos nós. Trabalhamos a ciência a serviço da saúde e em respeito pela vida".

Conforme queríamos demonstrar!

E costuma ser assim, mesmo: 3 objetivos grandiosos já nos bastam...basta saber "aonde procurar" e alinhar "com o coração".

Por favor, não perca tempo algum, na internet, pesquisando e copiando os objetivos dos outros, os objetivos enunciados em arquivos .PDF gratuitos ou os objetivos de salas de aula de MBAs populares; aprenda, sim, a escrever boas e personalizadas declarações de Missão e Visão, que favoreçam o desdobramento estratégico dos Objetivos de seu negócio!

Exatamente "na prática", conforme proposto: nosso propósito de existir, fortalece aquilo que queremos ser; Missão e Visão seguem indivisíveis, atômicas e orientando os Objetivos!

A pergunta "difícil" está, parcialmente, respondida. Resultados--Chave (Parte III) e Iniciativas (Parte IV) complementarão nossa abordagem de Uma Gestão Por Objetivos.

Mais Exemplos de Objetivos

"Respire, respire o ar! Não tenha medo de se importar. Vá, mas não me deixe. Olhe em volta e escolha o seu próprio chão. Por muito tempo, você viverá; e alto você voará. E tudo que você toca e tudo que você vê, é tudo o que a sua vida sempre será." – Pink Floyd, "Breathe (In The Air)"

Ok, já entendemos que os objetivos devem ser **ambiciosos** e que podem, sim, parecer um tanto quanto desconfortáveis, à princípio.

Mas não deixe de estabelecer objetivos ambiciosos e desconfortáveis: atingir **70%** de completude, para um objetivo, já é um bom resultado!

Perceba que objetivos não devem conter qualquer número ou métrica em sua descrição: seria um erro grave, uma orientação confusa, uma conceituação insegura.

Objetivos dever ser **qualitativos**! Nunca quantitativos...

Se desejado, objetivos podem, sim, incluir algum **prazo** determinado, que impulsione a ação. Objetivos anuais, trimestrais...

Também não passe de, no máximo, 5 objetivos! Afinal, há de haver suficiente gestão sobre eles. Em inglês, usam o termo *"the vital few"*, em tradução literal: "os poucos vitais"

Essas são apenas as regras básicas, as premissas de requisitos fortes, mas sem esticarmos tanto em rigidez ou purismo.

Livremente, podem haver objetivos para inúmeras atuações: para seu time, seu setor de trabalho ou sua empresa.

Mais Exemplos de Objetivos

Vendas, Finança, Marketing, RH, Compras, Logística, Pesquisa e Desenvolvimento, Engenharia, Jurídico...

Podendo ser sugeridos de hierarquias superiores para instâncias inferiores e, também, vice-versa!

E objetivos podem servir para blindar: oportunidades e fortalezas a explorar, fraquezas e ameaças a mitigar, perspectivas de finanças, de clientes, de processos ou de aprendizado.

Assim, seguem mais alguns exemplos, em bem-vinda inspiração.

- Atingir recorde histórico de aumento da rentabilidade.
- Superar as vendas do trimestre passado.
- Consolidar participação em todo mercado nacional.
- Inovar com abertura de novas frentes de negócio lucrativas.
- Atrair e manter talentos em melhor empresa para se trabalhar.
- Melhorar continuamente as operações em controle estatístico.
- Ser a marca líder de nossa indústria de atuação.

Dos clientes, do desempenho, das receitas, do crescimento, do engajamento: improvise!

PARTE III O CÉREBRO DA TÁTICA

Como?

"A gente repete que quer, mas não busca, e, de um modo abstrato, se ilude que fez." –Oswaldo Montenegro, "Quebra-Cabeça Sem Luz"

Bora "queimar a mufa" (risos): pensar demasiadamente para atingir um objetivo...

E vamos falar de números!

Da sigla OKR, "Objetivo" representa, correta e adaptadamente, "Por quê?" e "Resultado-Chave" ("Key Result") é o "Como?".

Daí, chegamos a uma redação muito comumente usada, nessa gestão por objetivos:

"Meu objetivo é [...], medido através de [...]".

Resultados-Chave devem ser sempre mensuráveis e devem ser fáceis de avaliar com um número!

Números, porque Resultados-Chave, diferente de Objetivos, são quantitativos.

Resultados-Chave são metas com métricas.

Para evitar dúvidas: métricas são medidas do desempenho; e medidas, por sua vez, são quantidades em suas unidades de grandeza.

Assim, **métricas são medidas específicas**, extrapoladas para acompanhar o cumprimento dos objetivos.

Em exemplos muito básicos: "escalar 3 montanhas", "comer 5 tortas" etc.

Mas lembre-se de determinar, idealmente, três Resultados-Chave por Objetivo.

Como?

Com isso, numa versão mais estendida da redação padrão de OKRs, teremos:

"Meu objetivo é [...], durante o período de [...], medido através de [...], [...] e [...]".

Uma boa sugestão de capacidade é ter três a cinco objetivos, por trimestre, carregando três a cinco resultados-chave, cada.

Ou aceite o risco de equipes muito sobrecarregadas ou desalinhadas em esforços...

E, para calculamos, corretamente, o progresso de cada Resultado--Chave, precisaremos, então, definir três valores: o valor inicial, o valor da meta e o valor atual.

Porque nem sempre o valor inicial está em zero!

Progresso = (([Valor Atual] - [Valor Inicial]) / ([Valor da Meta] - [Valor Inicial])) * 100

Em exercícios quaisquer, abaixo.

- Reduzir perdas para 14%.
- Valor da Meta: 14%.
- Valor Inicial: 20%.
- Valor Atual: 16%.
- Progresso = ((16 - 20) / (14 - 20)) * 100
- Progresso = 67%

Outro exercício...

- Aumentar ganhos para 20%.
- Valor da Meta: 20%.
- Valor Inicial: 14%.
- Valor Atual: 16%.
- Progresso = ((16 - 14) / (20 - 14)) * 100
- Progresso = 33%

Apenas uma matemática básica, para que não fique nenhuma dúvida!

O Planejamento do Projeto

"*Dirigindo por uma rodovia, indo para um show. Paro em todos os acostamentos, para tocar rock and roll. Sendo roubado, sendo apedrejado, sendo espancado, com os ossos quebrados; estou para lhes dizer: é mais difícil do que parece. É um longo caminho até o topo, se você quer fazer rock. Se você acha que é fácil tocar por uma noite inteira, tente tocar em uma banda de rock: é um longo caminho até o topo, se você quer fazer rock.*" – AC/DC, "It's A Long Way To The Top"

Dos conceitos esclarecidos, considere que já temos um projeto, em mãos!

Um projeto é qualquer iniciativa, a ser realizada em aderência a um desejado processo de desenvolvimento e gestão, para uma bem-sucedida entrega, de um produto ou serviço.

Precisamos, agora, implementar nosso **projeto de sistema de gestão de objetivos, em acompanhamento do desempenho de principais resultados estratégicos.**

Um bonito título de documento, não?! ;-)

O mais importante é que nosso projeto traduza sua natureza empreendedora e que traga muita inovação; assim, ficará ainda mais belo!

Abaixo, apresento a sequência de atividades que irão compor o processo de desenvolvimento sugerido para esse tipo projeto:

- Estabelecer e manter o compromisso,
- Planejar a medição,

- Executar a medição,
- Avaliar a medição e sua comunicação.

Cada uma dessas etapas será detalhada, ao longo desse livro; e correspondem, em direta associação, a fases comuns da disciplina de gerenciamento de projetos:

- Iniciação,
- Planejamento,
- Desenvolvimento e
- Controle e Monitoração.

Desse modo didático, bem organizado, ficará mais fácil compreender seu andamento e todos seus detalhes.

É uma proposta de ciclo de vida: com início, meio, mas sem fim!

* * *

"Não apresse o rio (ele corre sozinho)": adoro o título desse livro, da psicóloga Barry Stevens[1]!

É como chegar no aeroporto com boa antecedência: todos esperam um suave decolar.

Nesse momento, em nosso projeto, estamos no começo, na fase de iniciação.

E, se fosse um jogo...

Todos conhecem as regras?

Todos vão respeitar as regras?

Todos estão animados em jogar?

---
[1] https://en.wikipedia.org/wiki/Barry_Stevens_(therapist)

Vamos jogar juntos?

Vamos jogar diferente?

Vamos comemorar juntos?

Mas como eu fiz, em minha empresa?! Na prática, vou listar os passos iniciais, abaixo...

- Agende uma reunião curta: 1 hora é suficiente;
- Convide o maior número de pessoas: torne o evento importante, multidisciplinar e democrático;
- Dedique metade da reunião a explicar, brevemente, os destaques já mencionados, até aqui, nesse livro;
- Fale um pouco de tudo: gestão por objetivos, gestão da estratégia, gestão por processos, gestão dos riscos, gestão de pessoas, gestão comercial e financeira;
- Com todos já confortáveis (e alinhados) na sessão, avance para a segunda metade da reunião: do novo modelo de gestão, 100% orientado a objetivos;
- Fale, sim, das empresas conhecidas, que já adotam tal abordagem;
- Valorize a possibilidade de equilibrarmos objetivos: individuais e corporativos;
- Evidencie o quanto os processos de liderança (estratégia, decisão, capacidade, inovação, tecnologia, investimento, viabilidade, contabilidade etc) costumam ficar restritos à alta gerência e direção da empresa, sendo pouco visíveis;
- Em comparação, evidencie o quanto os demais processos (administração, regularidade, comunicação, manutenção, pessoas, contas a pagar, contas a receber, relacionamento, controle da qualidade etc) obtém habitual e maior participação operacional;
- Demonstre como uma isolada medição de indicador é bem diferente de uma medição de indicador impulsionada por objetivos e pela força do conjunto (talvez, a mais clara

diferença entre apenas trabalhar "KPIs" ou amadurecê-los pelos "OKRs");
- Daí, abra a reunião para um amplo debate de exemplos diversos: sobre como tudo poderia ser revisto sob a nova ótica e bússola dos objetivos e da colaboração;
- Eventos, incidentes, problemas, impedimentos, interesses: um enorme "brainstorming" ("tempestade de ideias") sobre onde e como queremos chegar;
- Encerre a reunião como sua maior vivência de planejamento estratégico coletivo e em tempo real;
- Ainda não há, aqui, qualquer necessidade de planejamento: apenas garanta que, ao final, todos saiam sentindo-se especiais e convidados ao novo projeto;
- Agora, fazemos parte de algo grandioso; e jamais aceitaremos nada menor!

Então, por favor, leia esses tópicos, novamente...com um sorriso! ;-)

Cada item listado é muito importante e prepara o sucesso da implementação por vir.

* * *

Planos no papel (após todas as informações coletadas na experiência anterior).

Entenda: todo plano trata de ações de um modelo.

O modelo é, apenas, uma representação ou uma interpretação simplificada da realidade; enquanto o plano avalia e constrói o caminho de onde estamos para onde queremos ir.

Os modelos são estáticos e os planos são dinâmicos: o plano é o lado racional do modelo!

Hehehe, adoro essas revisões conceituais; que também trazem clareza ao meu raciocínio, nomeando corretamente as coisas.

O Planejamento do Projeto

O mais engraçado é que pouco achei, em prévios estudos sobre OKRs, planejamentos detalhados de suas implementações...

A maior parte das referências sempre me pareceu limitada: algumas adicionaram depoimentos de uso ou até uma complexidade desnecessária.

O momento atual requer, então, alguma dose de coragem, em apresentação de um verdadeiro e reutilizável relato de caso.

Vamos formalizar "por quê" e "como" será o trabalho, a partir de um exemplo vivenciado.

Fornecer, a todos os participantes, o entendimento adequado do processo, em aderência.

Apresentar as informações de forma clara e consistente.

Nas 3 seções, a seguir, temos: "objetivos estabelecidos", "principais resultados definidos, priorizados e documentados" e "procedimentos para coleta e análise especificados"...esse é o nosso planejamento!

* * *

Objetivos estabelecidos...

Da maneira mais formal: **objetivos táticos de medição são definidos a partir dos objetivos estratégicos e das necessidades de informação, para avanços dos processos de negócio.**

O que está em jogo, nesse momento, é que deve haver algum registro de documento e que tal documento obtenha tanto a colaboração dos envolvidos, como a aprovação da alta administração da empresa: um amplo e confiável patrocínio.

Aqui, colaboração é uma novidade, não?!

E, como dito, os objetivos devem seguir em regular revisão e adaptação; por isso, o prazo que diferenciará um objetivo estratégico de um objetivo tático sempre será uma configuração da organização, sem qualquer rigor para o entendimento do que representam curtos, médios e longos prazos.

Objetivos estratégicos, conforme já visto, não são difíceis de registrar, pois demonstram muitas semelhanças, mesmo para diferentes indústrias de atuação ou diferentes portes de organização.

A beleza do novo modelo está, então, nos objetivos táticos: eles são o foco e a chave para o sucesso do planejamento!

A criatividade segue livre, na já conhecida declaração padrão: "Meu objetivo é [...], medido através de [...]", sempre favorecendo uma clara resposta binária e sempre acompanhada pela evidência dos números.

Pronto! Esse é o resultado esperado do painel de apresentação de seu documento executivo: um acordo estabelecido para os Objetivos ("O", "*Objectives*") e seus Resultados-Chave ("KR", "*Key Results*").

Parece simples, mas não pode ser simplificado; deve ser simples para podermos decorar, para mantermos ativo na memória: é para todo dia e para toda tarefa!

Ah, em próxima auditoria externa da qualidade (acreditação), como eu gostaria de ser questionado sobre qual "OKR" estou trabalhando e contribuindo, ao invés de responder se conheço os objetivos estratégicos anuais...é fato que o mundo girou!

Também é fato que já existem muitos aplicativos e softwares desenvolvidos para facilitação desse ecossistema de metas e métricas: conforme você vai evoluindo pelo tutorial, vai garantindo aderência ao modelo conceitual...mas ainda dentro de limites e fronteiras pré estabelecidas da ferramenta.

Embora uma solução baseada em planilhas e relatórios exportados para PDF pareça muito manual e mais lenta, ela fortalece, sim, o

O Planejamento do Projeto

aprendizado e novas arquiteturas da informação: de início, apenas não queremos automatizar eventuais erros.

Essa etapa se encerra com a conhecida "voz do capitão": em comunicação, pela liderança, dos objetivos estabelecidos.

* * *

Principais Resultados definidos, priorizados e documentados...

Iniciando, novamente, pela formalização da prática esperada de nosso processo: **um conjunto adequado de medidas, orientado pelos objetivos estabelecidos, é definido, priorizado e documentado.**

Sim, para cada objetivo, teremos um ou mais resultados principais!

Obviamente, no mínimo um; porém, dificilmente, teremos somente um resultado principal em direta correlação com um objetivo.

É natural que, para a conclusão de um objetivo desafiador e em agilidade, seja necessário o complemento de vários resultados (senão, talvez, seu objetivo seja menor)...por isso, vamos associar os principais!

Principais Resultados definidos, priorizados e documentados têm a força de um contrato para o objetivo: são atividades que precisam ser conduzidas, em sinergia, para que a meta comum possa ser declarada como concluída, como pronta.

"Um por todos e todos por um".

Tal seleção exige, em si, priorizações e comunicações...exatamente, como um contrato.

Por isso, dessa percepção de contrato, é que surge a versão mais estendida da declaração padrão para OKRs, buscando tornar tudo ainda mais claro em sua evolução:

"Meu objetivo é [...], durante o período de [...], medido através de [...], [...] e [...]".

A força de "Uma Gestão Por Objetivos" somada à "Gestão Com Gente" é, agora, decisiva, em necessária atuação interdisciplinar.

Daí, tudo fica mais fácil: para identificar Resultados-Chave, comece por relacionar diferentes lideranças aos Objetivos!

Lideranças e Resultados-Chave também irão favorecer o equilíbrio entre os interesses individuais e corporativos: a colaboração é, aqui, muito bem-vinda!

Conforme antecipado, gerenciamos para a felicidade!

* * *

Procedimentos para coleta e análise especificados...

Como coletar os dados? De forma automática (preferencial) ou manual? Em qual frequência de coleta? A partir de qual amostra de dados? É uma amostra confiável, representativa? O dado é um valor contínuo, baseado numa contagem numérica ou numa classificação categorizada?

Como analisar os dados? Qual tipo de gráfico a representar? Um histograma, gráfico de tendência ou de barras? Com alguma estatística descritiva, além da análise gráfica? Quais componentes formarão nosso controle estatístico? Setpoint, mínimo, máximo e média? Desvio padrão?

Qual a origem desses dados? Quais suas unidades de medida? Como duas pessoas conseguirão precisar a mesma coleta, sem variações relevantes? E como conseguirão interpretar análises de maneira semelhante?

São 17 perguntas importantes a responder!

Assim...

O Planejamento do Projeto

Os procedimentos para a coleta, o armazenamento e a análise, dos resultados-chave, precisam ser especificados; para capacitar os responsáveis pela execução e para formar uma segura e correta base histórica de dados...porque, aqui, nada pode ser subjetivo!

O Google usa uma direta escala de pontuação, de 0.0 a 1.0, puramente matemática.

A partir das porcentagens de conclusão de seus resultados-chave associados, é calculada a média aritmética dessas taxas percentuais, para pontuar o objetivo.

Em exemplo:

Progresso % KR = (Progresso % KR1 + Progresso % KR2 + Progresso % KR3) / 3

Isso explica a necessidade de todo resultado-chave carregar seu próprio número, em meta e em acompanhamento: daí, sem interpretações no cálculo parcial da porcentagem de conclusão.

Se de 0.7 a 1.0, a situação é verde ("entregamos").

Se de 0.4 a 0.6, a situação é amarela ("fizemos progresso, mas não está pronto").

Se de 0.0 a 0.3, a situação é vermelha ("não conseguimos avanços significativos").

Bem interessante, porque:

- é de fácil gerenciamento visual: verde, amarelo e vermelho;
- não invalida o debate, a revisão do processo ou as lições aprendidas;
- estabelece o consenso de uma conclusão objetiva, a partir da qual se iniciam as interpretações mais subjetivas;
- além de incorporar, sutilmente, um rigor conceitual à redação dos OKRs (precisamos de números).

E, ao final dessa etapa de planejamento, teremos, então, caminhado em direção à preparação do nosso próprio "placar": com um modelo pronto para o preenchimento e a execução, alimentando um rico sumário executivo, personalizado, do negócio.

A ideia central: não somos máquinas; nos ensine o processo (não nos imponha o processo), acompanhe e adapte o processo (daí aprenderemos juntos).

Os Resultados-Chave

"Se eu quiser falar com Deus, tenho que me aventurar. Tenho que subir aos céus, sem cordas pra segurar. Tenho que dizer adeus, dar as costas, caminhar; decidido, pela estrada, que, ao findar, vai dar em nada. Nada, nada, nada, nada; nada, nada, nada, nada; nada, nada, nada, nada do que eu pensava encontrar." –Gilberto Gil, "Se Eu Quiser Falar Com Deus"

Como saber se atingimos o objetivo?

Essa é a pergunta definitiva, que tanto estamos trabalhando nesse capítulo.

E, ao iniciarmos a execução dos procedimentos para coleta e análise, detalhados no capítulo anterior, perceberemos uma diferença sutil, porém fundamental, na natureza de alguns Resultados-Chave: se eles nos permitem apenas um **"controle retroativo"** ou uma **"garantia projetada"**.

Do "controle retroativo", entendemos que a nova medição apenas retroalimentará o sistema, que, a partir desse valor obtido, seguirá buscando a meta através da nova realidade: existe sempre um "atraso" (do inglês, "*lag*") intrínseco a esse tipo de Resultado-Chave, pois ele só é conhecido após o término do período de tempo determinado.

Da "garantia projetada", percebemos que estamos, continuamente, avaliando a condição futura, esperada do Resultado Chave: existe uma "liderança" (do inglês, "*lead*") atuando, em tempo real, sobre esse tipo de Resultado-Chave, que pode ser corrigido durante o período de tempo estabelecido.

Assim, Resultados-Chave "*lag*" ou "*lead*" são, **ambos**, úteis.

Todo conjunto de Resultados-Chave, que sustenta determinado

Objetivo, deve apresentar um grato **equilíbrio** entre Resultados-Chave "*lag*" e "*lead*".

Um importante conceito e uma importante estratégia de sucesso em sua Gestão Por Objetivos!

Senão, imagine se tudo fosse descoberto somente no final do trimestre? Seria quase um "Chá de Bebê"[1] para OKRs (risos): nem sempre a forma criativa de se revelar o sexo do neném aos pais, amigos e familiares acontece conforme a expectativa de cada um.

* * *

Para finalizar o capítulo, alguns exemplos reais de Resultados-Chave...

Muitos defendem a redação de Resultados-Chave iniciadas por verbos, como: aumentar, diminuir, reduzir, alcançar, mover, lançar, ativar, manter etc.

É uma ideia legal, que simpatizo e já utilizei: nada de errado com ela.

Mas, com o tempo, acabei sendo, naturalmente, atraído pelo uso intuitivo de **operadores matemáticos relacionais**, em minhas declarações bem mais diretas e obrigatoriamente numéricas.

- "<" menor que
- ">" maior que
- "=" igual a
- "!=" diferente de
- "<=" menor ou igual a
- ">=" maior ou igual a

---

[1] https://pt.wikipedia.org/wiki/Ch%C3%A1_de_beb%C3%AA

Os Resultados-Chave

Uma abordagem pessoal "essencialista"[2] para meus KRs!

Acredito que vale você experimentar, também!

Assim, cheguei a alguns exemplos pessoais, que compartilho, genuinamente, abaixo.

Objetivo 1...

- Objetivo: Consolidar carreira internacional de autor de livros de negócio.
- Resultado-Chave: Traduções publicadas = 5.
- Resultado-Chave: Sessões de estudo de idiomas = 150.

Objetivo 2...

- Objetivo: Ser referência nacional para o tema liderança executiva.
- Resultado-Chave: Leituras concluídas em liderança = 5.
- Resultado-Chave: Horas em sessões internas de mentoring = 100.

Objetivo 3...

- Objetivo: Viver dos rendimentos de minha escrita em independência financeira.
- Resultado-Chave: Páginas escritas = 300.
- Resultado-Chave: Royalties Amazon = 10.000.
- Resultado-Chave: Amazon KENP = 60.000

E, tal como Objetivos, fica bem fácil derivar resultados para qualquer área de atuação, em sua empresa: vendas, finança, marketing, RH, compras, logística, P&D, engenharia, jurídico etc.

Em resumo...

---
[2] https://pt.wikipedia.org/wiki/Essencialismo

Atingir um Objetivo deve ser sempre uma resposta binária: zero ou um, verdadeiro ou falso, sim ou não.

Acompanhar um Resultado-Chave deve ser uma trajetória analógica: composta por números em natural variação.

O indicador nos desenhará esse percurso!

PARTE IV O CORPO EM AÇÃO

O quê?

"Todo dia, ela toma um banho pela manhã, molha seus cabelos, se enrola na toalha, enquanto segue para a cadeira do quarto: é apenas um outro dia. Pondo as meias, calçando seus sapatos, colocando a mão no bolso do casaco de chuva: é apenas um outro dia. No escritório, onde os papéis se acumulam, ela faz uma pausa, bebe outro café e percebe que está difícil ficar acordada: é apenas um outro dia, apenas um outro dia." – Paul McCartney, "Another Day"

Ideal seria resolver a vida num único dia, não? Tudo ajustado, em plena ordem, de hoje para amanhã! ;-)

Fácil também é trabalhar, com dedicação, durante 1 mês ou 1 ano: pouquíssimos funcionários estragam tudo já no dia seguinte da entrevista de emprego, não é mesmo?

Porém manter a excelência e o ritmo, diariamente, durante 10, 20, 30 anos, é tarefa bem mais desafiadora!

Vale, então, anotar: manter-se no topo requer muito esforço e adaptação e é uma condição da vida adulta, para a longevidade da pessoa física e da pessoa jurídica.

Precisamos, agora, **valorizar ações** de criar, de manter ou consertar algo.

Quando John Doerr diz que "ideias são fáceis, execução é tudo", eu a entendo de maneira "estendida": o sucesso, mesmo, não estará limitado ao marco de implementação do projeto ("Parte III"); porque ainda existirá um longo caminho de sustentação dessa implantação.

Ou, da nova frase que aprendi, "o caminho mais rápido, entre a ideia e os resultados, chama-se execução" (Camila Farani).

E aqui estamos nós: mãos à obra!

A Gestão Por Processos

"Eu não sei o que eu tenho vivido, mas não é o suficiente para me completar. Eu preciso mais do que apenas as palavras podem dizer; eu preciso de tudo que esta vida pode me dar... Porque querida, algo estendeu a mão e me tocou. Agora, eu sei tudo que eu quero: eu quero o melhor dos dois mundos." –Van Halen, "Best Of Both Worlds"

A gestão integrada de um ótimo lugar para trabalhar...

Gestão Integrada = Gestão Por Processos + Gestão Por Objetivos.

Em apresentação de nossa Gestão Por Objetivos, associada à Gestão Por Processos, definimos como resultado a Gestão Integrada, em capítulo da Parte I desse livro.

É assim desejado que todo trabalho esteja baseado em processos, que todo funcionário esteja treinado no processo em que atua e que exista formação acadêmica comprovada para a respectiva área de conhecimento.

Áreas de conhecimento são identificadas a partir das declarações de Missão e Visão e garantem a redação de suas Políticas Organizacionais.

Das Políticas Organizacionais é que são planejados os processos, derivando um primeiro processo geral, um macroprocesso que resume toda a produção de bens ou serviços, a Cadeia de Valor.

Daí, seguem-se:

- a provisão dos recursos,
- a atribuição das responsabilidades,
- os treinamentos das atividades,
- o controle dos produtos de trabalho,

- o envolvimento de todos interessados,
- a monitoração dos processos,
- a aderência aos objetivos e
- a revisão dos resultados-chave.

Tal projeto, grandioso, chama-se Cultura Organizacional!

É o objetivo maior, único, de toda gestão por resultados.

E seu elemento atômico, indivisível, que garantirá toda a força de coesão desejada é representado por pessoas!

Aproveito, então, para listar algumas perguntas selecionadas, para oportuna e complementar reflexão, abaixo.

- As pessoas percebem sua importância, em contribuição para os resultados?
- As pessoas são encorajadas a equilibrar objetivos corporativos e individuais?
- As pessoas dedicam o tempo combinado com a empresa ao trabalho de rotina e aos resultados-chave?
- As pessoas comunicam suas ideias e sugestões, para melhores resultados?
- As pessoas podem fazer qualquer pergunta razoável e obter respostas diretas?
- As pessoas entendem os erros não intencionais como parte do aprendizado para os resultados?
- As pessoas têm uma visão clara de para onde estão indo e como farão para chegar lá?
- As pessoas sentem que estão todas "no mesmo barco"?
- As pessoas estão dispostas a dar mais de si para avançar um resultado-chave?
- As pessoas estão dispostas a colaborar para concluir um objetivo?
- As pessoas são honestas e éticas na condução de seus resultados-chave?

- As pessoas evitam fazer "politicagem", como forma de avançar resultados?
- As pessoas trabalham emocionalmente saudáveis, em contribuição aos objetivos?
- As pessoas se mantém informadas dos principais resultados e sobre mudanças nos objetivos?
- As pessoas são reconhecidas pelo bom trabalho e pelo esforço extra?
- Todas as pessoas têm a oportunidade de receber um reconhecimento especial?
- As pessoas comemoram os objetivos concluídos?
- O reconhecimento é dado às pessoas que, realmente, mais merecem?

É pelas habilidades comportamentais e interpessoais ("*soft skills*"), somadas às habilidades técnicas ("*hard skills*"), que você nunca mais aceitará participar de algo menor!

As Iniciativas

"Se você acha que eu vou ficar por aí, sentado, enquanto o mundo gira, você está pensando como um tolo, pois isso é um caso de vida ou morte: lá fora, existe a felicidade, esperando para ser conquistada! Se você acha que irei deixar isso passar, você está louco: não perca por esperar, não perca por esperar!" – Judas Priest, "You've Got Another Thing Coming"

"Iniciativas" correspondem ao trabalho necessário a ser feito para atingir o OKR ("sim" e "não" ou % de conclusão).

Então, **como conectar BPM e OKRs**?

Afinal, esse é o subtítulo do livro!

Como conectar Gestão Por Processos e Gestão Por Objetivos?

Na prática, funciona assim...

- Identifique as áreas de processo: os processos existem e estão por toda parte; você deve saber como reuni-los.
- Expanda sua hierarquia horizontalmente: para cada processo, um Líder de Processo; para cada área de processo, um Líder de Serviço (responsável pelos líderes de processo); para todo o pacote, um Líder de Produto (responsável pelos líderes de serviço)...é uma estrutura funcional enxuta e ninguém trabalhará desconectado dos processos.
- Para cada processo, o trabalho pode surgir, diariamente, como uma cerimônia recorrente de atividade do processo, um problema, um incidente, um evento, uma melhoria, um impedimento de desempenho; mas também como uma **iniciativa de resultados-chave**...a estratégia é, garantidamente, incorporada nas operações.

As Iniciativas

- Sim, espalhe as iniciativas de OKRs no conhecimento estabelecido da gestão por processos, para cuidar dessa explosão de granularidade: 3 objetivos * 3 resultados-chave/objetivo * 12 iniciativas/resultado-chave = 108 iniciativas por trimestre.

Em resultado...

- Todo dia, a gente se reúne, brevemente, e estabelece o **contrato** dos "Planos de Ação do Dia", para os **processos** do time, a partir da seleção de **lista de tarefas** (como dito: uma cerimônia recorrente de atividade do processo, um problema, um incidente, um evento, uma melhoria, um impedimento de desempenho, uma iniciativa de resultado-chave);
- todo mês, a gente também se reúne, com um pouquinho mais de tempo, e revisa os indicadores de desempenho de toda organização (alimentando mais planos de ação à lista de tarefas).

Enfim, um **ambiente gerenciado**: em ritmo, comprometimento, adaptação e resultados-chave em constante evolução.

Essa é minha **melhoria contínua de OKRs e BPM**: e funciona muito bem!

Exemplos de Iniciativas

"Me dê a sua mão, eu gostaria de apertá-la. Quero lhe mostrar que sou seu amigo. Você vai entender, se eu puder deixar claro: é tudo o que importa no final das contas. 'Bate aqui', mesmo se pesar uma tonelada. Foi o que um pai disse a seu filho. Eu não me importo se pesa uma tonelada: enquanto eu e você estivermos aqui, 'bate aqui'; enquanto eu e você estivermos aqui, 'bate aqui'" –Paul McCartney, "Put It There"

Faça! Tal como o texto de introdução desse livro!

Valorize as iniciativas! Porque, sem elas, nada, nada acontece!

Iniciativas são a força motriz de todo o modelo, mas, curiosamente, iniciativas correspondem ao componente menos detalhado em quase todos textos de OKRs!

Simplesmente, porque a maioria ainda não entendeu como conectá-las, na prática, à rotina de objetivos e resultados-chave.

Por um bom tempo, eu também tive essa dúvida, que resolvi pela integração estratégica dos OKRs à operação da Gestão Por Processos ("BPM").

Não acredito ser eficaz medir e acompanhar a estrutura "de cima para baixo" (Objetivos > Resultados-Chave > Iniciativas).

Acredito que o melhor rendimento e a garantia do sucesso da implementação acontecem "de baixo para cima" (Iniciativas > Resultados-Chave > Objetivos).

Assim, complementando alguns de meus OKRs pessoais, compartilhados em capítulo anterior, entendo a necessidade de mais exemplos, por favor, abaixo.

Objetivo 1...

- Objetivo: Consolidar carreira internacional de autor de livros de negócio.
- Resultado-Chave: Traduções publicadas = 5.
- Iniciativa: Traduzir Livro 3 ES.
- Iniciativa: Publicar Livro 3 ES Kindle, Print e Capa Dura.
- Iniciativa: Traduzir Livro 3 EN.
- Iniciativa: Publicar Livro 3 EN Kindle, Print e Capa Dura.
- Iniciativa: Atualizar tradução nova edição Livro 1 ES.
- Iniciativa: Republicar Livro 1 ES Kindle, Print e Capa Dura.
- Iniciativa: Publicar Livro 2 ES Print Capa Dura.
- Iniciativa: Publicar Série 1 ES Gestão Na Prática Kindle, Print e Capa Dura.
- Iniciativa: Traduzir Livro 2 EN.
- Iniciativa: Publicar Livro 2 EN Kindle, Print e Capa Dura.
- Iniciativa: Publicar Livro 1 EN Print Capa Dura.
- Iniciativa: Publicar Série 1 EN Gestão Na Prática Kindle, Print e Capa Dura.

Objetivo 2...

- Objetivo: Viver dos rendimentos de minha escrita em independência financeira.
- Resultado-Chave: Royalties Amazon = 10.000.
- Iniciativa: Publicar Livro 3 PT Kindle, Print e Capa Dura.
- Iniciativa: Republicar Livro 1 PT Kindle, Print e Capa Dura.
- Iniciativa: Publicar Livro 2 PT Print Capa Dura.
- Iniciativa: Publicar Série 1 PT Gestão Na Prática Kindle, Print e Capa Dura.
- Iniciativa: Preparar ambiente TEACHABLE Livro 1 PT.
- Iniciativa: Publicar curso de 6 horas úteis Livro 1 PT.
- Iniciativa: Preparar ambiente TEACHABLE Livro 2 PT.
- Iniciativa: Publicar curso de 6 horas úteis Livro 3 PT.
- Iniciativa: Preparar ambiente TEACHABLE Livro 3 PT.
- Iniciativa: Publicar curso de 6 horas úteis Livro 3 PT.

- Iniciativa: Publicar narração própria de audiolivro 1 PT.
- Iniciativa: Publicar narração própria de audiolivro 2 PT.
- Iniciativa: Publicar narração própria de audiolivro 3 PT.

"**Conforme Queríamos Demonstrar**" ("C.Q.D."), cuidado com essa real explosão de granularidade (aproximadamente, 12 iniciativas/resultado-chave por trimestre) e não vejo melhor estratégia do que incorporar iniciativas de resultado-chave à rotina da gestão por processos!

PARTE V A COORDENAÇÃO INTEGRADA

Quando?

"Quando a estrada adiante lhe parecer dura; e você estiver há milhas e milhas de sua bela cama quentinha; apenas se lembre do que seu velho camarada lhe disse: rapaz, você tem um amigo em mim! É, você tem um amigo em mim!" – Randy Newman, "You've Got a Friend In Me"

Ao final de todo projeto, temos um **serviço**, em resultado, para manter.

Projetos e serviços são bem diferentes entre si: projetos têm começo, meio e fim, enquanto serviços são contínuos; projetos são desenvolvidos progressivamente, já os serviços se repetem todo dia.

Vamos estabelecer, então, nossa linha de tempo do serviço, nossos "**rituais**" ou cerimônias, a partir dos elementos-chave no processo de desenho e implementação dos OKRs.

Aqui, os valores estão no alinhamento, na prioridade, no acompanhamento e na sustentabilidade!

- Início do trimestre: "**Definição dos OKRs**" – configuração e alinhamento dos OKRs com a estratégia e as partes interessadas.
- De maneira contínua: "**Check Ins**" – para atualizar o progresso dos OKRs, registro de resultados parciais e apoios.
- De maneira contínua: "**Coaching**" – para comentários e reconhecimento.
- Semanalmente/Quinzenalmente/Mensalmente: "**Revisões de Cadência**" – conversas formais para compartilhar progressos, impedimentos, atualizações, garantir o ritmo e obter comprometimento (razões do progresso, o que está funcionando, o que não está funcionando, o que estamos aprendendo, quais os planos de ação).

Quando?

- Trimestralmente: **"Retrospectivas"** - em planejamento do próximo trimestre (quais OKRs serão transferidos; o que há de novo; lições aprendidas do trimestre anterior; reflexões e mudanças).

Definir, alinhar, registrar, revisar, refletir, reiniciar. Definir, alinhar, registrar, revisar, refletir, reiniciar. Definir, alinhar, registrar, revisar, refletir, reiniciar.

Um **processo iterativo** (ciclos de repetição e de acúmulo de experiências), de necessário patrocínio executivo, *"coaching"*, *"feedback"*, reconhecimento, colaboração e disciplina.

Mas, embora esse seja o padrão na estrutura dos OKRs, com intervalos de tempo bem definidos, fixos e sincronizados por trimestre, nada impede que a equipe opte por um fluxo mais contínuo; perguntando-se, frequentemente: "já alcançamos?", "já alcançamos?", "já alcançamos?". Confesso que gosto dessa **abordagem alternativa**! ;-)

"CFRs": Conversa, Comentários, Reconhecimento

"Coaching" não é mentoria ("é assim que eu faria...").

"Coaching" não é aconselhamento ("tente fazer dessa forma...").

"Coaching" não é psicoterapia ("por você tem agido assim?").

"Coaching" não é treinamento ("aprenda a fazer assim...").

"Coaching" não é consultoria ("é assim que deve ser feito...").

"Coaching" é um processo de mudança e transformação, com foco nas possibilidades futuras!

E *"coaching"* tem direta consequência no desenvolvimento de lideranças!

Sim, há anos eu executo **reuniões individuais**, um a um, diretor e colaborador, conduzidas sempre a partir de um prévio roteiro personalizado de mapa mental de ideias a apresentar, com o equilíbrio de evoluir a Gestão Por Processos, a Gestão Por Objetivos e o desenvolvimento profissional do funcionário.

O objetivo é o de convidar colaborações às iniciativas de melhoria das políticas organizacionais. Independente de cargos e hierarquias, busca-se formar lideranças em diferentes áreas de conhecimento do negócio, distribuídas pelos times de trabalho.

De minha estrutura planejada e vigente, segue abaixo...

(10 min) Aonde queremos chegar? O que está dando certo? O que está dando errado? O que faremos diferente? O que estamos aprendendo?

(10 min) Comportamento construtivo + Resultados atingidos? Avançar! Comportamento defensivo + Resultados atingidos? Redefinir! Comportamento construtivo + Resultados não atingidos? Redefinir! Comportamento defensivo + Resultados não atingidos? Alinhar!

(20 min) Comportamento? Impacto? Planos de Ação!

(10 min) Comportamento? Efeito? Reconhecimento!

Sim, você também precisará construir sua **cultura de coaching**!

"*Coaching*" = educar, planejar, organizar, pensar estrategicamente, negociar, facilitar, ouvir (fatos, sentimentos, intenções, valores, crenças, qualidades), comunicar.

Seguimos, todos, em grata parceria!

Um mais um é maior do que dois (1 + 1 > 2), entende?!

A Medição e a Comunicação

"Em um mundo de máquinas, não me diga que não tenho alma. Quando as máquinas assumem o controle, não há lugar para o rock and roll..." - Queen, "Machines (Back To Humans)"

A Medição

Talvez, para o Google, seja bem mais fácil do que para nós! (risos)

Afinal, a própria Missão do Google tem sido "organizar as informações do mundo, para que sejam universalmente acessíveis e úteis"...independente se já faziam uso de OKRs, ou não.

Assim,

- traçar um objetivo,
- alinhar seus resultados-chave
- e configurar sua coleta, apresentação e análise pode até parecer algo automático, imediato e trivial...mas não é!

Somente seria automático, imediato e trivial se todos os dados necessários já estivessem sempre ali, disponíveis, em adequado formato, para qualquer integração necessária.

E isso não é, obviamente, a realidade comum da maioria das empresas e não é à toa que o livro de John Doerr pouco detalha a implementação desse capítulo.

Os dados requeridos devem ser **coletados** e **analisados**, conforme planejado; e isso requer esforço!

Por vezes, tal etapa necessita de análises adicionais, de revisão dos resultados com os interessados, de um melhor refinamento da identificação dos principais resultados ou de uma melhor definição do relacionamento das análises aos objetivos de medição.

Os dados e os resultados das análises também precisam ser **armazenados**, viabilizando a construção e a revisão de sua série histórica.

Junto com os dados e os resultados, devem ser apresentadas informações de contexto, suficientes para guiar seu entendimento e sua interpretação.

Nas próximas seções, vou, então, lhe apresentar duas soluções de execução: uma manual e livremente customizada; a outra, mais automática e com parâmetros preestabelecidos a configurar.

Uma escolha particular, ambas com vantagens e desvantagens, a observar.

Um mini projeto de melhoria em folha A4

Sim, a ferramenta que mais reutilizo cabe numa única folha A4!

Ok, duas páginas na verdade: frente e verso. (risos)

E tudo que é "lean" (enxuto) me deixa muito feliz! ;-)

É a abordagem de um mini projeto de melhoria, embutido em cada indicador de desempenho da medição organizacional, em desejada aderência conceitual ao modelo DMAIC, do Six Sigma[1]: • Definição (*"Define"*), • Medição (*"Measure"*), • Análise (*"Analyze"*), • Melhoria (*"Improve"*) e • Controle (*"Control"*).

Comece a partir do modelo (*"template"*) de planilha eletrônica, definido por sua empresa.

---

[1] https://pt.wikipedia.org/wiki/Seis_Sigma

A "capa" deve ser simples: basta enumerar todos OKRs trabalhados, de acordo com a declaração padrão já estudada. Inclua, ainda, um "painel executivo", com resumo dos resultados visuais (verde, amarelo ou vermelho) dos indicadores: meta, valor atual e porcentagem de avanço.

Daí, em diante, é seguir um indicador por página; tal como o passo a passo abaixo.

Garanta uma seção inicial, em cabeçalho da página, com as informações de contexto para a **DEFINIÇÃO** do problema; em campos sugeridos:

- Objetivo;
- Principais Resultados;
- Perspectiva (clientes, finanças, processos internos ou aprendizado) e
- Colaboradores ("Comitê da Gestão Por Objetivos").

Poderiam, ainda, ser enumeradas questões sobre os custos advindos de uma eventual baixa qualidade associada.

Em próxima seção do documento, apresente os procedimentos sobre como coletar a **MEDIÇÃO**:

- Auto ou Manual;
- Frequência de coleta;
- Quantidade de amostras;
- Tipo de dado ("contínuo", "contagem" ou "classificação");
- Tipo de gráfico ("histograma", "gráfico de tendência" ou "barras").

Da etapa de **ANÁLISE**, considere:

- Mínima estatística descritiva ("média", "valor histórico mínimo" e "valor histórico máximo");

- Pontuação do objetivo ("meta", "valor inicial", "valor atual" e "porcentagem de avanço");
- Dados plotados em gráfico;
- Respostas aos "Cinco Porquês[2]", até à causa raiz.

Gosto de iniciar a **MELHORIA** por uma Gestão de Riscos do específico objetivo, considerando forças e oportunidades a explorar e fraquezas e ameaças a mitigar; tudo qualificado em probabilidade e impacto.

Assim, planos de ação, respostas aos riscos ou contingências surgem mais facilmente, nessa transição entre seções de Análise e Melhoria.

Pense nas questões: "o que faz piorar?" e "o que faz melhorar?"; tudo com prazos, responsáveis e situação bem definidos.

Acredito no **CONTROLE** obtido através de iniciativas de um dedicado Plano de Treinamento, preparando os resultados até sua próxima revisão.

Conforme queríamos demonstrar, é, realmente, uma só folha, bem agrupada, bem visual, para cada objetivo e em grata personalização: um dinâmico infográfico!

Soluções de software para OKRs

Sistematizar processos sempre será algo atrativo!

Assim, perceba: sempre que houver um processo, de desenvolvimento ou de gerenciamento, com atividades e estados bem definidos, sempre existirá alguma ferramenta de software associada.

Porque, na realidade, a maior parte das soluções de software existentes é, apenas, a automação de algum processo, com suas

---

[2] https://ferramentasdaqualidade.org/5-porques/

A Medição e a Comunicação

regras de negócio embutidas: inserir dados, consultar dados, atualizar dados e excluir dados...difícil fugir disso! (risos)

O valor segue, obviamente, mais no conhecimento e no domínio do **processo** do que na aquisição da melhor ferramenta eletrônica; mas pode-se, claro, obter ganhos, de aderência e de agilidade, através de uma boa escolha...tal como tudo, na vida.

Assim, considerei registrar, aqui, minha breve experiência de uso, de aplicativos dedicados a OKRs.

A chave para o sucesso reside em não seguir com tanta ansiedade, para uma imediata busca de links na internet: você nem saberá direito aquilo que está procurando ou não terá certeza do que achou...

Quando há várias alternativas em jogo, é desejado que se estabeleça uma prévia lista de **critérios**, em atendimento às expectativas verdadeiramente iniciais.

Isso evita tentações ou ilusões!

Tais critérios orientarão uma rápida comparação qualitativa, de maneira bem objetiva. Se desejar seguir por uma comparação mais quantitativa, pode-se estabelecer uma **escala de pontuação** para cada critério, diferenciar pesos (multiplicadores) entre os critérios e contabilizar tudo numa matriz de alternativas (linhas) versus critérios (colunas): quem somar mais pontos, costuma ser a melhor escolha!

Observe: é um método de **Gestão da Decisão**!

Em minha desejada enumeração, eu listaria:

- permitir mais de um resultado-chave por objetivo;
- ser traduzido para idioma nativo (opção de idioma);
- oferecer plano gratuito em uso de funcionalidades essenciais;
- conciliar acessos por aplicativo no celular e por site no computador;

- apresentar um painel de controle ("*dashboard*") visualmente atrativo.

E, então, eu seguiria adiante, numa análise apenas qualitativa; sem tanto rigor ou riscos para uma avaliação quantitativa.

Porque há, sim, muitas e muitas opções; em qualquer pesquisa de termos semelhantes a "melhores ferramentas OKR" ou "*OKR tools*".

Em resultados retornados, a maior parte das soluções apresentadas costuma ser descartada pela falta de meu idioma nativo Português ("*Brazilian Portuguese*"). Nesse critério, pouco importa quantos diretores ou gerentes têm hábil fluência no inglês, na empresa; mais importante é que toda a organização seja envolvida pela Gestão Por Objetivos...e, sem a tradução no Brasil, não acontece a ampla adesão desejada.

Outros critérios que, surpreendentemente, eliminam possíveis candidatos são a falta de plano gratuito em uso de funcionalidades essenciais e a conciliação de acessos por aplicativo no celular e por site no computador.

Muitas ferramentas trazem a percepção de uma abusiva abordagem comercial (pela obrigação de fornecer o cartão de crédito antes de iniciar os testes) ou têm uma política de preços realmente bem cara (com uma clara preferência "*enterprise*", por empresas de grande porte, sem tanta valorização do conceito aplicável ao "*small business*").

Muitas ferramentas também somente operam através de sua solução "*desktop*", sem a existência de um correlato aplicativo "*mobile*". E, para OKRs, é desejada tal agilidade, em consulta dos objetivos e em atualização dos resultados-chave: nem sempre você está em frente ao computador e nem sempre o navegador do celular traduz uma visualização confortável.

Ah, você encontrará até uma ou outra solução que trate OKRs como medição do desempenho individual e competência, em destaque para comunicações de "*feedback*[3]" e substituição de (antiquada) "Avaliação 360[4]", do RH: não me faz o menor sentido!

Já em pontos positivos, quase todas as alternativas têm um bom painel de controle ("*dashboard*") visualmente atrativo e quase todas têm boa aderência ao modelo conceitual de OKRs; permitindo, com naturalidade, mais de um resultado-chave por objetivo.

Acabo, assim, seguindo pela escolha da maioria mundial, das ferramentas mais robustas e profissionais:

- "Quantive[5]",
- "Peoplebox[6]",
- "Tabality[7]".

Além de um ou mais Resultados-Chave promovendo, numérica ou percentualmente, os objetivos, é importante conter o registro das "Iniciativas", sem influência direta sobre o avanço do resultado, mas como importante anotação e chamado à ação.

Resultados-Chave também são, prontamente, alocados em interessantes "linhas do tempo", considerando, quase sempre, a predefinida atualização trimestral dos objetivos e o ano dividido em quatro períodos ("*Quarter 1*", "*Quarter 2*", "*Quarter 3*", "*Quarter 4*").

Mas o que, realmente, me "balança", com a possibilidade de considerar a adoção de um software para OKRs, é quando há a possibilidade da **integração automática** com outras ferramentas corporativas: aqui, reside, em minha análise, o valor do retorno do investimento na contratação de alguma solução comercial.

Integrar uma ferramenta de OKR a um portifólio mais amplo de ferramentas, com todos os componentes "conversando entre

---

[3] https://pt.wikipedia.org/wiki/Retorno_de_informa%C3%A7%C3%A3o
[4] https://pt.wikipedia.org/wiki/Avalia%C3%A7%C3%A3o_360_graus
[5] https://quantive.com/
[6] https://www.peoplebox.ai/
[7] https://www.tability.io/

si" e apoiando a comunicação da empresa, é algo maior e mais consistente, mesmo.

Então, em comparação e conforme queríamos demonstrar, há vantagens e desvantagens: tanto podendo acelerar o que é trivial na implementação, como criando alguma dependência nas limitações programadas...escolha, sem medo, seu destino!

Lembrete: ei, gestor, qual o seu objetivo dentro de sua empresa?

* * *

Apenas um trecho aditivo, ainda relacionado com soluções de software: por que não trabalhar sua própria, customizada solução para OKRs, através de **bancos de dados relacionais**?

Afinal, esse tema segue em alta e já prevejo meu próximo livro: "O Fim Do Excel E O Crescimento Das Aplicações De Bancos De Dados Conectados"! ;-)

Em exemplos a experimentar:

- "Fibery"[8];
- "Airtable"[9];
- "Notion"[10];
- "ClickUp"[11];
- "Jira"[12];
- "Pipefy"[13].

Segue aqui, então, uma breve apresentação do tema **Mapeamento Objeto-Relacional**, aplicado a OKRs.

Um **Objetivo** é formado por:

---

[8] https://fibery.io/
[9] https://www.airtable.com/
[10] https://www.notion.so/pt-br/product
[11] https://clickup.com/
[12] https://www.atlassian.com/software/jira
[13] https://www.pipefy.com/pt-br/

- título,
- % de progresso e
- resultados-chave.

Um **Resultado-Chave** é formado por:

- título,
- valor inicial,
- valor da meta,
- valor atual e
- % de progresso.

Lembrando que um Objetivo pode ter 1 ou mais Resultados-Chave.

Fica claro o entendimento de apenas duas tabelas necessárias, e seus respectivos atributos, incorporando simples fórmulas matemáticas e possibilitando livres opções de visualização desses dados.

Progresso % Objetivo = (Progresso % KR1 + Progresso % KR2 + Progresso % KR3) / 3

Progresso % KR = ((([Valor Atual] - [Valor Inicial]) / ([Valor da Meta] - [Valor Inicial])) * 100

- Lista e Progresso Numérico dos Objetivos,
- Sinalização do Placar dos Objetivos (verde, "entregamos"; amarelo, "progresso, mas não pronto"; vermelho, "sem avanços"),
- Lista e Progresso Numérico dos Resultados-Chave,
- Visão Geral de Gráfico de Barras dos Resultados-Chave.

Se desejado, é fácil estender a associação de **Iniciativas**, aos Resultados-Chave (um Resultado-Chave pode ter 1 ou mais Iniciativas).

Uma **Iniciativa** sendo formada por:

- título,
- responsável,
- data de criação,
- última modificação,
- situação ("próxima", "em andamento", "concluída"),
- arquivos e
- comentários.

Gosto muito de acompanhar e quantificar as iniciativas concluídas, tanto por resultados-chave, como por objetivos: afinal, é o que movimenta toda essa estrutura!

Agora, você também pode montar sua própria aplicação! ;-)

Para saber mais, sugiro pesquisar o termo **"ORM"** (do inglês, "*Object-Relational Mapping*") e minha referência pessoal no assunto, Scott Ambler[14].

...porque a liberdade é sempre uma boa escolha!

A Comunicação

"*Não precisa falar. Eu leio um livro no seu olhar. Mas estaria bem se não soubesse o seu nome. Faz tempo que eu não te vejo. E será que ainda sinto esse desejo? E só de pensar que eu tenho que ficar aqui, parado, não demora a solidão vai dando espaço; não demora a solidão vai dando braço, pra você entrar... Não precisa falar e não precisa misturar: eu sei as coisas não são sempre como convém. Mas poderia ser. E deveria ser. Mas poderia ser mais fácil pra te dizer isso. Mais fácil pra te dizer, isso.*" – Suricato, "Não Precisa Falar"

Os dados já estão lá, coletados.

Os resultados das análises também, em complementares pontos de vista.

---

[14]https://scottambler.com/

A Medição e a Comunicação

Os avanços dos objetivos seguem, então, consolidados.

Sabemos quem são os interessados e, assim, disponibilizamos tais registros.

Mas isso é suficiente para afirmar que a comunicação foi bem-sucedida?

A avaliação realizada garante que próximas decisões seguirão consistentes e serão beneficiadas?

Tudo ainda pode, sim, dar errado! (surpreso)

Depois de tanto esforço, ainda podemos "morrer na praia"...caso a gente negligencie essa importante etapa final, de fechamento do processo proposto.

E, tal como qualquer ciclo, o que pretendemos, intencionalmente, é partir de um ponto inicial e terminar com a recorrência desse mesmo ponto inicial.

O ponto inicial é a colaboração: no início, no meio e no retorno ao início.

Tal como no infográfico que ilustra a capa desse livro: partindo de uma boa estratégia, teremos melhores resultados, proporcionais ao nosso comprometimento.

Essa é a linha-base do conteúdo demonstrado e esse deve ser o alinhamento de nossa execução, desde o começo: envolver todos!

Relembrando o processo de desenvolvimento adotado para esse projeto ("Estabelecer e manter o compromisso", "Planejar a medição", "Executar a medição" e "Avaliar a medição e sua comunicação"), precisamos, agora, apenas "fechar o círculo" e começar tudo de novo.

Vamos, então, voltar à cerimônia de um "Compromisso com uma Gestão Por Objetivos".

Isso! Aqui, a gente realiza um ritual regular, de reunião de debate coletivo do relatório da Gestão Por Objetivos...e conduzida pelos próprios funcionários!

Sim, o excesso de reuniões deve ser evitado a qualquer custo (risos), mas bem sei que essa é uma reunião desejada e aguardada por muitos: afinal, são as lideranças em atuação!

Enquanto escrevo esse livro, tenho esse próximo agendamento em 2 semanas e já tenho colaboradores alocados para apresentar cada objetivo: a minha função, como CEO, será só a de aprender...uau!

Ok, também vou liberar um bom coffee-break, convidativo aos mais resistentes... (risos)

Ideia Central: é desse jeito que se forma a cultura de excelência de uma organização: viva e em evolução!

O Sucesso

"Eu ainda não terminei de mudar. Mudando. Eu posso ser idoso e eu posso ser jovem. Mas eu ainda não terminei de mudar. Mudando."
– John Mayer, "Changing"

Nos aproximando da conclusão, vamos revisar e questionar, um pouco mais, nossos fundamentos, em um *"checklist"* de aderência de nosso progresso e sucesso; abaixo.

- Os objetivos estão muito específicos, restritos, ou são, desejadamente, abrangentes, considerando tanto quantidade, como qualidade?
- Os objetivos são realmente desafiadores, sabendo que serão promovidas habilidades, motivação, autoeficácia e treinamento, em alcance das metas?
- Funcionários ajudam a estabelecer as metas definidas, em participação e comprometimento, de maneira ágil e multidirecional?
- Comportamento ético e segurança psicológica estão assegurados, em cultura organizacional, lideranças e controles, para atingir as metas?
- Resultados finais, tanto de desempenho, como de aprendizado, são esperados e considerados pela organização, em intenções do percurso, da trajetória, dos experimentos e da melhor versão?
- Há explícito patrocínio executivo do CEO e forte adesão das lideranças de alta gestão da empresa, em seu programa de implementação de OKRs?
- As equipes estão preparadas para a disciplina das cerimônias de check-ins semanais, reuniões de revisão da cadência e sessões de *"feedback"* e *"coaching"*?

- Você está usando OKRs, como um sistema de gestão de metas, somente por o Google também usa?

Considere essas questões para não subestimar os desafios e as resistências, além de evitar conhecidos erros e armadilhas do caminho; fortalecendo, assim, sua implementação.

PARTE VI UMA NOVA VISÃO

A Inovação

"Eu posso ver claramente agora que a chuva passou. Eu posso ver todos os obstáculos em meu caminho. Já se foram todas as nuvens negras que me cegavam: vai ser um brilhante, brilhante dia ensolarado. Eu acho que agora eu consigo, pois a dor se foi. Todos os sentimentos ruins desapareceram. Aí está o arco-íris que pedi a Deus: vai ser um brilhante, brilhante dia ensolarado. Olhe ao redor, não há nada mais que um céu azul; olhe para frente, nada mais que um céu azul!" – Johnny Nash, "I Can See Clearly Now"

"**Um Processo** para todos governar, **Um Processo** para encontrá-los, **Um Processo** para todos trazer..."

Parafraseando passagens da obra de J. R. R. Tolkien, em "O Senhor dos Anéis", penso ter encontrado "o anel mestre", "o anel de Sauron", "o anel do poder", "o Um Anel", "Meu Precioso": o **Processo para a Definição de Processos**!

Tendo esse **meta processo**, mapeado para definir qualquer processo, para revisar e otimizar outros processos, atinge-se uma bela abstração reutilizável, a partir de um processo genérico que irá instanciar todos demais processos reais.

Observe ao seu redor: já funciona assim, desde sempre, e, talvez, você ainda não tenha percebido...

Em exemplos de métodos ágeis[1], tão em moda, "Scrum"[2], "Kanban"[3], "Lean"[4] são apenas processos!

Sim, eu adoro Scrum, Kanban e Lean (nenhuma crítica, muito pelo contrário); mas é importante notar que eles são processos

---

[1] https://pt.wikipedia.org/wiki/Desenvolvimento_%C3%A1gil_de_software
[2] https://pt.wikipedia.org/wiki/Scrum
[3] https://pt.wikipedia.org/wiki/Kanban
[4] https://pt.wikipedia.org/wiki/Lean_manufacturing

contidos e instanciados dentro de uma ampla cultura da **Gestão Por Processos**, guardando diferenças, entre si, somente pelas abordagens de suas atividades.

Assim, entendo um profissional certificado nesses exemplos como um valoroso **Especialista de Processo** (em dedicado, específico processo). Enquanto entendo um profissional certificado em Processos de Negócio como um criativo **Arquiteto de Processos** (para qualquer e inédito processo).

Ainda pensando em "O Senhor dos Anéis", acho que eu já estive na "Terra de Mordor"[5] (risos de nervoso de experiências próprias) e acredito ser fundamental tais esclarecimentos, de onde vem a **inovação** dessa Parte VI: as pessoas têm chamado tudo de "métodos ágeis", quando deveriam chamar só de "processos"...porque, obviamente, nem todo processo reúne as características específicas da agilidade!

Por isso, por favor, muito cuidado quando ler outras referências da **Gestão Por Objetivos** nomeada, também, como um "método ágil": não faz o menor sentido e só demonstra uma completa falta de entendimento de todos cenários associados...se alguém me diz que OKRs representam um método ágil, eu desconfio, imediatamente, dessa fonte de conteúdo.

Ideia Central: Ok, nossa Gestão Por Objetivos tem seu próprio processo de desenvolvimento e compõe nosso entendimento personalizado de Gestão Integrada, mas muitos métodos apresentam semelhanças porque, em comum, são processos, não porque sejam sempre ágeis!

---

[5]https://pt.wikipedia.org/wiki/Mordor

A Cultura

"Às vezes, em nossas vidas, todos nós temos dor, todos nós temos tristeza. Mas, se formos sábios, saberemos que sempre há um amanhã: apoie-se em mim, quando não estiver forte, e eu serei seu amigo, eu ajudarei você a prosseguir. E não demorará até que eu também precise de alguém para me apoiar." – Bill Withers, "Lean On Me"

De tudo que já conversamos e aprendemos, ainda não lhe parece que será difícil implementar e manter todo o alcance de uma Gestão Por Objetivos por toda a organização, sem exceções?

Dos encontros "1 a 1"[1], dos "CFRs" (conversa, comentários, reconhecimento), estendemos, então, "Comitês da Gestão Por Objetivos", em aumento da cardinalidade dos relacionamentos e ganhos de atuação.

Mas a revolução dos OKRs, realmente, integra e traz "à tona" outras mudanças necessárias e bem mais estruturais...que nem sempre temos a coragem de encarar (ou de escrever)!

Como funciona seu **organograma formal e tradicional** em torno dos **inovadores e desafiadores resultados-chave**?

Não lhe parece que há inconsistências entre suas diferentes formas e funções? Não lhe parece que resultados-chave apenas toleram o organograma clássico, mas não casam em complementar sinergia?

Pois bem: o fortalecimento dos níveis hierárquicos pode até não atrapalhar demais, mas, certamente, não traz benefícios adicionais ao novo sistema.

Minha inovação: jogue fora, o quanto antes, o costume do modelo antigo, fora da atualidade apresentada; em tempo, ele estará fora

---

[1] https://en.everybodywiki.com/1_on_1_meeting

de uso e você já terá se antecipado em um superior desempenho!

Como? Num novo **organograma físico-funcional**.

"Físico" porque é ocupado por pessoas, em explícita e ampla atribuição de responsabilidades individuais: todos são nomeados e são potencialmente valorizados...ficando mais clara a completa origem de formação da "pessoa jurídica".

"Funcional" porque é mais dinâmico, mais fluido em suas fronteiras verticais, mais orientado à meritocracia[2] e à colaboração...sem perder a definição e as práticas esperadas de cada escopo de atuação.

Reforçando o que já fora apresentado em capítulos anteriores, sigo com a definição de 4 papeis organizacionais internos:

• **"Donos dos Processos"**: a unidade básica e fundamental de aderência a qualquer trabalho realizado, em superior nivelamento (todos importam).

• **"Donos dos Serviços"**: uma democrática interface, de transição entre processos e operações, fortalecendo a disseminação de ambientes calmos, organizados, gerenciados e produtivos;

• **"Donos das Operações"**: a alta gerência, a rede de confiança de especialistas, em estratégica sustentação do negócio;

• **"Donos do Produto"**: o conselho de sócios, os diretores e as lideranças executivas, em um novo olhar sobre a organização em gestão de um produto;

Assim, tudo contribui para que menos valor seja dado às formalizações, limitações e competições de "auxiliares", "analistas", "gerentes" ou "diretores"...

E a entrega dos **resultados-chave** acontece em sobreposição à assinatura contábil da Carteira de Trabalho: embora se mantenha

---

[2] https://pt.wikipedia.org/wiki/Meritocracia

o respeito pelo segundo, experimentamos e promovemos mais o primeiro!

* * *

Vamos falar, um pouco mais, da beleza dos processos!

Há processos em tudo que eu vejo... (risos)

Me diga um método ágil[3] e eu te devolvo o mapeamento genérico desse processo.

Mas sem o exagero dos evangelistas de plantão, sem nos limitarmos ao universo do desenvolvimento de softwares ou nos prendermos numa única indústria de atuação: seguiremos adaptando nossas atividades e nomenclaturas para o escopo de projetos, serviços e produtos...é tempo de nos arriscarmos e nos permitirmos!

Ok, sabemos que não há uma única e perfeita "Bala de Prata"[4], capaz de matar "lobisomem, bruxa ou qualquer outro monstro"; mas há, sim, a possibilidade de unir métodos em um estendido alcance: Uma Gestão Ágil Por Objetivos!

Das seções anteriores, nossos OKRs e KPIs incorporam, agora, características de agilidade, em uma nova maneira de se trabalhar.

Todos os dias, reúna sua equipe em torno de uma breve cerimônia de 15 minutos, para alinhamentos de quais resultados avançamos no dia anterior, de quais serão os avanços de hoje e de quais impedimentos estão dificultando os resultados: uma **Reunião Diária** de Resultados-Chave...e deixe de tropeçar naquelas pedras pequenas do caminho!

Mantendo esses valores diários de **ritmo, comprometimento e adaptação**, siga evoluindo seus próximos planos de ação em Listas Priorizadas ("*backlogs*") de Melhoria Contínua e de Gestão de

---

[3] https://pt.wikipedia.org/wiki/Desenvolvimento_%C3%A1gil_de_software
[4] https://pt.wikipedia.org/wiki/Bala_de_prata

A Cultura

Eventos, Incidentes e Problemas: assim, conquistará garantidas maturidade e capacidade.

E aonde você e seu time querem estar, ou chegar, amanhã, na próxima semana ou no final do mês? Tal período, muito conhecido por "*Sprint*" (em minha livre tradução, "aceleração"), nada mais é do que o planejamento de metas de Uma Gestão Por Objetivos; podendo, ainda, ser um incremento favorável à formação de lideranças.

Dentro da recorrência desses períodos de "*sprints*", mantenha uma regular **revisão** de seus processos de desenvolvimento, a partir de existentes critérios de aceitação e de identificação das movimentações de processo realizadas: tais "contratos" é que tornam as atividades e os resultados como concluídos, ou seja, são suas "**Definições de Pronto**".

Já em um olhar **retrospectivo** (bimestral ou trimestral), formalize suas porcentagens de conclusão dos resultados-chave, em atualização de um placar executivo: seu Relatório de Medição dos Indicadores de Desempenho da Gestão Por Objetivos.

O novo organograma físico-funcional ("donos do produto", "donos das operações", "donos dos serviços", "donos dos processos") já lhe trará a necessária harmonia para controle desses produtos de trabalho: em **papeis**, **cerimônias** e **artefatos** integrados aos processos e aos objetivos!

Observação 1: todos os termos assinalados em negrito, acima, são características fundamentais do Desenvolvimento Ágil do Scrum[5], e podem ser analisados, comparativamente, sob a ótica mais ampla da Gestão Por Processos e da Gestão Por Objetivos.

Observação 2: embora esteja, aqui, comprovada a inovativa associação entre Gestão Ágil, Gestão Por Processos e Gestão Por Objetivos, ainda tratamos, apenas, de uma aproximação, não de uma fusão de identidades (ou entidades). ;-)

---

[5] https://pt.wikipedia.org/wiki/Scrum

De qualquer modo, vá além: você não nasceu para ser somente "Scrum Master"[6]! (risos)

---

[6]https://wiki.ncrcolibri.com.br/display/scrum/Scrum+Master

Uma Vida Por Objetivos

"De todo o meu passado, boas e más recordações. Quero viver meu presente! E lembrar tudo depois... Nessa vida passageira, eu sou eu, você é você. Isso é o que mais me agrada, isso é o que me faz dizer: que vejo flores em você! Que vejo flores em você! Que vejo flores em você!" – Ira, "Flores Em Você"

"Tudo é processo: vida e negócios são processos que apresentam variações, que, por mais natural e esperadas, devem ser reduzidas": adorei essa frase, que recebi em etapa de leitura crítica da primeira edição desse livro; feita, especialmente, por Graciléa Rodrigues[1], da Monitore Negócios[2]!

Nessa seção busco, exatamente, iluminar essa transição: de objetivos de negócio para objetivos de vida!

Obviamente, esse texto não é um capítulo de autoajuda: não será surpresa você perceber que se trata, mais, de um auto aprendizado do autor, um relato de caso da escrita do próprio livro; porque, quanto mais ensino, mais aprendo.

Ao final desse processo de conhecimento, aceitei que há a possibilidade, sim, de se trabalhar objetivos profissionais e objetivos pessoais, em plena sinergia:

- de maneira **responsável**, porém **leve**;
- de maneira **contínua**, mas **sem ansiedade**;
- de maneira **completa**, em escolha de **prioridades**;
- de maneira **colaborativa**, aceitando novas **ideias**;
- de maneira **adaptativa**, abraçando as **mudanças**.

---

[1] https://www.linkedin.com/in/gracilearodrigues-mne/
[2] @monitorenegocios

Observe, em evidência: eu, realmente, precisei adiar o lançamento de uma primeira versão, para apoiar minha filha em suas provas da escola e para apoiar minha empresa em suas auditorias externas; tudo concentrado, simultaneamente, em um mesmo ano.

Mas segue tudo bem: mantém-se a monitoração e a evolução dos **objetivos** estabelecidos e seus **resultados-chave** definidos, priorizados e documentados; em grato equilíbrio!

É uma nova percepção de **prosperidade**: tudo é gerenciado e tudo é gerenciado em prol da felicidade!

Assim, tanto para trabalho, como para família, é possível (e muito interessante) uma melhor organização dos objetivos, em completude das perspectivas de um BSC ("*Balanced Scorecard*"): • objetivos de perspectiva financeira, • objetivos de perspectiva dos clientes, • objetivos de perspectiva dos processos internos e • objetivos de perspectiva do aprendizado e crescimento.

De modo semelhante, é fácil estabelecer OKRs, profissionais e pessoais, utilizando o mesmo formato de redação já estudado.

Mas, se desejado, somente para a monitoração de objetivos pessoais, valeria uma enorme simplificação da redação, em alguns exemplos abaixo, que não consideraremos pecado (risos), por ora.

- "Até [data], somar [valor], em reservas financeiras".
- "Até [data], somar [valor], em vendas comerciais".
- "Até [data], somar [valor], em páginas lidas".
- "Até [data], somar [valor], em páginas escritas".
- "Até [data], somar [valor], em horas de hobby".
- "Até [data], somar [valor], em aulas de idioma".

E sempre mantendo a insistente e resiliente prática das **iniciativas**, promotoras da evolução dos resultados-chave.

Em sua Gestão da Vida Por Objetivos, mantenha o foco, livre-se das distrações e não se iluda!

O QUE FICOU POR SER DITO?

Sobre mim e aonde a gente se encontra

Já é costume, em meus livros, deixar as considerações pessoais para o final! ;-)

Faz mais sentido para mim: iniciar, o mais rápido possível, pelo que importa; e, então, concluírmos juntos se as expectativas foram alcançadas.

Escrevi ambas edições desse livro em simultâneas implementações reais: a primeira, como um "Mínimo Produto Viável"[1], tanto para a empresa, como para os leitores; a segunda, como um produto completo e refinado. O estudo, essencial ou avançado, sempre evoluía para a prática já na semana seguinte; e vice-versa!

Esse modelo, de só registrar o que já havia sido testado e de aceitar novos aprendizados enquanto ensinava o estudo anterior, talvez tenha atrasado, bastante, todas essas versões e publicações; mas espero ter tido resultados em mais evidente verdade, nas palavras de cada capítulo.

Para muitos, a simples tradução literal do tema "OKRs", em Objetivos e Resultados-Chave, parece já ser suficiente; e não é à toa que, nessa absurda simplificação, tudo dê errado e siga em superficial propaganda, de conceitos e de implementação.

Quando alguém me dizia "ah, Objetivos e Resultados-Chave, já entendi tudo", eu percebia uma maior e crescente necessidade da escrita estendida sobre o assunto. (risos)

Ainda sem a pretensão de registrar minha obra, me parecia, enquanto estudava, que somente existiam dois cenários: 1) o livro

---

[1] https://pt.wikipedia.org/wiki/Produto_vi%C3%A1vel_m%C3%ADnimo

de John Doerr e 2) todas as demais publicações, em cópias ou traduções rasas desse livro de referência (sequer mencionam o livro de Andrew Grove).

Adorei o livro de John Doerr! Mas ainda o senti incompleto, para a minha realidade. E, como não consegui elucidar todas minhas dúvidas, nas leituras complementares, aceitei o desafio de iniciar minha própria redação...aqui concluída a gosto do público e apresentada a você!

* * *

Também é um pouco estranho encerrar um livro sem ter, minimamente, me apresentado...

Por isso, segue, aqui, um breve mini currículo, de maneira respeitosa e rápida.

Sou pai da Maria Luíza, marido da Flávia, fundador da escola de negócios CPBiz, CEO do Fonte Patologia Oncológica e ainda sigo tentando aprender a tocar guitarra.

Sempre fui **engenheiro** e sempre fui ligado a **processos** e **softwares**.

Me formei **Engenheiro** Químico, pela Universidade Federal do Rio de Janeiro[2] e iniciei minha atuação profissional desenvolvendo **softwares** de controle automático para **processos** industriais de manufatura, como **Engenheiro** de Automação, durante 10 anos. Adquiri diversas certificações profissionais em programação de computadores e migrei para **Engenheiro** de **Software** de **processos** de negócio, por 5 anos. Concluí MBA em Gestão de Projetos, pelo Instituto Infnet[3] (onde também atuei como breve professor, em cursos de extensão), busquei novas certificações profissionais em **processos** gerenciais e segui para a consultoria

---

[2] https://ufrj.br/
[3] https://www.infnet.edu.br/infnet/instituto/

empresarial. Recentemente, também me tornei um "Certified OKR Practitioner"[4] (C-OKRP), em maravilhosa formação oferecida pela OKR International[5].

Daí, agrego minha prévia vivência de engenheiro de automação de processos industriais e do desenvolvimento de softwares em tecnologia da informação à atual direção executiva de um laboratório médico, como gestor de negócios em saúde. Acumulo experiências de gestão e certificações de licenças profissionais em governança corporativa, desenvolvimento de negócios, gerência geral e tecnologia. Mantenho minha atuação pelo alinhamento estratégico, formação de times de alto desempenho e foco em qualidade. No dia a dia, sou um agente da mudança organizacional, com habilidades de negociação, estratégias criativas e capacidade de reagrupar, reorganizar e entregar resultados. Meus livros também agregam valor à marca da empresa como autor.

Nosso "ponto de encontro", para compartilhar "tudo do que existe fisicamente, a totalidade do espaço e tempo e todas as formas de matéria, incluindo todos os planetas, estrelas, galáxias e os componentes do espaço intergaláctico" de autor, instrutor e consultor será, por enquanto, o **LinkedIn** (https://www.linkedin.com/in/cpbiz/): tudo ainda aponta para lá e a maior parte das informações úteis seguem por lá!

Em breve, pretendo organizar um novo espaço de perfil profissional no **Teachable**, em domínio próprio www.claudiopires.biz, onde estarão reunidos meus livros, traduções, cadernos de consultoria, audiolivros, cursos online e nossa comunidade de prática.

No **Instagram** @claudiopires.biz, comunico os avanços consolidados e os próximos planejamentos, no melhor estilo "um café, um bolo, um livro e uma solução"! ;-)

Reforço, ainda, minha plena disponibilidade para contatos diretos: me mande um **e-mail** para contato@claudiopires.biz.

---

[4] https://okrinternational.com/certified-okr-practitioner-okr-coach-certification/
[5] https://okrinternational.com/

Tendo chegado até aqui, só tenho a agradecer todo seu tempo e atenção e desejar uma ótima prática!

De maneira sincera e cordial, sigo à disposição e registro meu muito obrigado!

Dos meus livros e a série Gestão Na Prática

A cada exemplar, menos importa a ordem de escrita ou de leitura: a publicação de um novo livro complementa e avança uma mesma série, que traz, sempre em comum, o aprendizado da gestão na prática.

É uma proposta de melhoria contínua, de riscos e oportunidades, de estratégia e de avaliação do desempenho: tanto para o autor, como para o leitor.

A gente começa a partir de qualquer volume ou tema de interesse e, aos poucos, vai compondo nosso próprio percurso: incorporando as lições aprendidas e evoluindo para novos desafios.

Hoje, são 3 títulos:

• "Gestão Por Processos Na Prática: por onde começar sua cultura de processos de negócio" – livro 1 da série Gestão Na Prática.

• "Gestão de Negócios: MBA Na Prática; como organizar sua empresa em 100 dias" – livro 2 da série Gestão Na Prática.

• "Uma Gestão Por Objetivos: OKR e BPM Juntos Na Prática; a gestão estratégica de seus processos de negócio" – livro 3 da série Gestão Na Prática.

Todos os livros têm suas comercializações concentradas (não exclusivas) na Amazon[1]: em formatos de eBook Kindle e versão impressa (compre direto do autor em loja do Mercado Shops[2]). Tenho, ainda, ampliado divulgações em formato de áudio (audiolivros por diversas plataformas) e em traduções para

---
[1] https://www.amazon.com.br/kindle-dbs/entity/author?asin=B001JY6EFG
[2] https://cpbiz.mercadoshops.com.br/

outros idiomas (preferencialmente, espanhol e inglês). E, para cada livro, planejo um respectivo curso (de ensino à distância, ensino presencial, treinamento in-company, webinar, consultoria e mentoria): entre em contato.

Essa série representa publicações independentes, sem o envolvimento de uma editora estabelecida: do termo *"indie author"* (*"independent author"*). Assim, todos os custos, diretos ou indiretos, são sustentados pelo próprio autor.

Não se trata da incapacidade de encontrar alguma editora, que se interesse e faça investimentos; vale mais como uma escolha pela liberdade editorial: eu publico, integralmente, a minha verdade.

Partindo, então, do princípio de uma redação com estilo próprio e respeitosa aderência gramatical, o maior problema dos livros autopublicados reside no fato de que esses livros são mais raros de obter reconhecimento e são mais difíceis de se achar.

Por isso, **seu comentário faz toda a diferença**: se puder, retorne, sim, sua avaliação e suas impressões, em livre divulgação por redes sociais e plataformas de leitura (principalmente, na **Amazon**).

Essa é uma **grande revolução a valorizar!**

E, como autor, desejo que meus livros também agreguem valor à marca de sua empresa, em desenvolvimento profissional e de negócios.

www.ingramcontent.com/pod-product-compliance
Lightning Source LLC
Chambersburg PA
CBHW071214240526
45470CB00018B/1862